Vegetarische Ernährung für Berufstätige

Die 20 Minuten Küche

Die 100 besten vegetarischen Blitzrezepte für jeden Tag

Regina Bahlow

ISBN: 978-3-9821202-4-9

Inhaltsverzeichnis

Übersicht der Rezepte

Einführung

„Es wäre zu entschuldigen, hätten wir nicht bereits eine Fülle an Nahrung und müssten es tun, um zu überleben. Aber wenn uns Fleisch übergewichtig macht, träge und krank, nicht das Geringste zu unserem Wohlbefinden beiträgt und uns davon abhält, das zu essen, was uns mit Energie und Gesundheit erfüllen würde, dann ist das nur noch Ignoranz und Dummheit."

-Allen Carr-

Es gibt die verschiedensten Motivatoren, die uns zum Entschluss bringen können, uns für eine vegetarische Ernährungsform zu entscheiden, sei es ...

- Die eigene Gesundheit
- Der Wunsch, dem Welthunger den Kampf anzusagen
- Das Leid der Tiere zu reduzieren
- Die Umwelt zu schützen

Die vier aufgeführten Punkte sind einzeln oder in Kombination die wohl häufigsten Gründe, sich für die vegetarische Lebensweise zu entscheiden. Aus diesem Grund werden wir sie in Kürze beleuchten, bevor Sie sich und Ihre Lieben mit 100 köstlichen Gerichten aus der vegetarischen Welt verwöhnen dürfen.

Zunächst möchten wir allerdings zusammenfassen, was vegetarische Ernährung bedeutet:

Die auch als Vegetarismus bezeichnete vegetarische Ernährung umfasst verschiedene Formen der Ernährung, die stets auf Fleisch und in der Regel auch auf Fisch verzichten. Gewisse Unterformen des Vegetarismus verzichten teilweise außerdem auf Milchprodukte und auf Eier. Jemand, der auf sämtliche Lebensmittel verzichtet, die von Tieren stammen, wird als Veganer bezeichnet.

Dieses Buch ist grundsätzlich für Vegetarier ausgelegt, die auf Fleisch und Fisch verzichten möchten, daher werden in den verschiedenen Rezepten Milchprodukte sowie Eier vorkommen. Allerdings sind eine Vielzahl der Rezepte ebenfalls vegan oder sind mit wenigen Handgriffen in ein veganes Gericht verwandelbar. Weiterhin wurde darauf geachtet, dass alle Rezepte speziell für Berufstätige und Vielbeschäftigte ausgelegt sind, damit Sie mit minimalem Zeitaufwand das Beste aus Ihrer Ernährung herausholen können.

Die eigene Gesundheit

„Ich bin sowohl Vegetarier als auch leidenschaftlicher Anti-Alkoholiker, weil ich so besseren Gebrauch von meinem Gehirn machen kann."

-Thomas Edison-

Leben Vegetarier wirklich gesünder? Hand aufs Herz: Selbstverständlich kann man auch als Vegetarier massiv ungesund leben und durch mangelhafte Ernährung unter schlimmen Krankheiten leiden, wenn man beispielsweise auf viele verarbeitete Fertigprodukte, Industriezucker oder Transfette zurückgreift, welche Sie nur in Maßen konsumieren sollten.

Wenn man sich allerdings bewusst ernährt, auf die ausreichende Zufuhr essentieller Nährstoffe achtet und allgemein auf seinen Körper Acht gibt, dann hat man unter Einfluss einer vegetarischen Ernährung statistisch deutlich bessere Chancen lange gesund, fit und vital zu bleiben.

Verschiedene Studien haben daher gezeigt, dass Vegetarier im Vergleich zur „allgemeinen Bevölkerung" nicht nur deutlich gesundheitsbewusster leben, sondern einem viel geringerem Risiko ausgesetzt sind, um beispielsweise an ...

- Bluthochdruck oder Herz-Kreislaufkrankheiten
- Diabetes
- Übergewicht
- Oder an verschiedenen Krebsarten

... zu erkranken. Hinzu kommt, dass man in der Regel nicht nur deutlich gesünder ist, sondern sich ebenso gesund, vital und energiegeladen fühlt. Allein die genannten Punkte sollten zum Nachdenken anregen, auf welche Art und Weise man sich künftig ernähren möchte.

Allerdings wird die vegetarische Ernährung von mancher Seite auch kritisiert, daher möchten wir Sie auch über die Kehrseite der Medaille informieren und prüfen, ob gewisse Vorwürfe tatsächliche Relevanz haben

Häufig wird gegen den Vegetarismus angebracht, dass nur durch Fleisch gewisse Makro- und Mikronährstoffe zugeführt werden können. Als erstes fällt in diesem Kontext häufig das Wort „Proteine". Inzwischen ist bewiesen, dass Proteine und essentielle Aminosäuren ebenso durch eine pflanzliche Ernährung bestens gedeckt werden können, wenn man beispielsweise genügend Hülsenfrüchte, Soja, Samen oder Nüsse verzehrt. In der vegetarischen Ernährung finden Sie Proteine ebenso in Milchprodukten, wie Quark oder Käse.

Auch andere Nährstoffe, wie Zink oder Eisen, die allgemein dem Fleischkonsum zugesprochen werden, können über andere Quellen aufgenommen werden.

Veganer haben im Vergleich zu den Vegetariern deutlich mehr Schwierigkeiten einige Mikronährstoffe, also Vitamine, Mineralstoffe und Spurenelemente, ausreichend zu decken, dazu zählen speziell: Vitamin B12, Omega-3 und das bereits aufgeführt Eisen.

Wenn Sie sich vollwertig und ausgewogen vegetarisch ernähren, ist in der Regel mit keinen Mangelerscheinungen zu rechnen. Trotzdem ist es durchaus empfehlenswert, sich bei Routineuntersuchungen auf diese Werte prüfen zu lassen und im Bedarfsfall Ihre Ernährung Schrittweise zu optimieren oder nach Rücksprache mit einer Fachkraft sinnvoll zu ergänzen.

Auch wenn Vegetarismus bedeutet, dass man sich intensiver mit seiner Nahrung auseinandersetzen muss und diverse Kenntnisse erwerben sollte, überwiegen die Vorteile meist deutlich, sodass wir Sie einladen möchten von dieser Ernährungsform zu profitieren.

Der Kampf gegen den Welthunger

„Der Hunger der Menschen in verschiedenen Teilen der Welt rührt daher, dass viele von uns viel zu viel mehr nehmen als sie brauchen.“

-Mahatma Gandhi-

Wussten Sie, dass man in etwa um das 20-fache weniger landwirtschaftlich genutzte Flächen benötigt, um einen Vegetarier zu ernähren? Laut der Albert Schweitzer Stiftung sind knapp zehn Kilogramm Getreide notwendig, um nur ein Kilogramm genießbares Rindfleisch zu erhalten, da das Tier einige Kalorien verbrennt und viel Energie zum Wachsen benötigt.

Wenn man dabei bedenkt, dass laut Bundesmarktverband für Vieh und Fleisch in Deutschland pro Kopf durchschnittlich 60 Kilogramm Fleisch pro Jahr verzehrt werden, können Sie sich ausrechnen, dass dafür je Einwohner bis zu 600 Kilogramm an Getreide und Co. benötigt wurden.

Da in Deutschland aktuell über 82 Millionen Einwohner leben, nimmt das Ganze bereits in nur einem Kalenderjahr ungeahnte Dimensionen an.

Stellen Sie sich vor, wie es sich auf den Welthunger auswirken könnte, wenn wir den Fleischkonsum drastisch reduzieren oder sogar gänzlich einstellen, um deutlich mehr pflanzliche Lebensmittel anzubauen.

Oft wird behauptet, dass ein Mensch alleine nicht viel bewirken kann. Denken Sie in diesem Fall an die 600 Kilogramm Getreide, die Sie durch ein Jahr vegetarische Ernährung einsparen können.

Das Tierleid reduzieren

“Wenn der moderne Mensch die Tiere, deren er sich als Nahrung bedient, selbst töten müsste, würde die Anzahl der Pflanzenesser ins Unermessliche steigen.”

-Christian Morgenstern-

Wir behaupten, dass in unserer heutigen Zeit, in der niemand im deutschsprachigen Raum an Hunger leiden muss, dem Zitat von Christian Morgenstern jeder zustimmen wird. Trotzdem werden, laut den Zahlen des statistischen Bundesamtes, Jahr für Jahr knapp 800 Millionen Nutztiere allein in deutschen Schlachtbetrieben getötet, was vermutlich zur Folge hat, dass auf Grund dieser enormen Anzahl nicht alles schmerzfrei oder gar ethisch korrekt zugeht.

Durch „schmackhaftes“ Anrichten im Kühlregal und optimierte Werbekampagnen ist es beinahe die logische Konsequenz, dass der Endverbraucher den tatsächlichen Werdegang von einem Stück Fleisch ausblendet und schlicht nicht wahrnimmt, woher es eigentlich kommt.

Merken Sie sich: Jedes „Nein“ zu einem Stück Fleisch ist auch immer ein „Ja“ für das Wohl der Tiere.

Die Umwelt schützen

„Alles was direkt vom Feld kommt, hat Zukunft. Wir können die Menschheit nicht mit lauter Produkten ernähren, die über das Tier gehen. Das ist eine wahnsinnige Verschwendung von Energie und Rohstoffen und belastet die Umwelt.“

-Helmut Maucher-

Das Stichwort „Umweltschutz“ wurde in unserer Gesellschaft nie so groß geschrieben, wie es zu dieser Zeit der Fall ist. Das Bewusstsein für das Schonen von Ressourcen, den Klimawandel und den Ausstoß von Kohlendioxid ist größer denn je.

Doch nicht nur Flugzeuge, große Frachter und unsere Autos schädigen die Umwelt, sondern ebenso die stark expandierende Fleischindustrie, die laut Worldwatch Institute etwa für die Hälfte der weltweit ausgestoßenen Treibhausgase, die unser Klima schädigen, verantwortlich ist.

Weiterhin wird durch die Tierschutzorganisation Peta berichtet, dass über 60% der erschlossenen Wasserressourcen der Welt in der Landwirtschaft genutzt und dabei der Großteil für die Fleischproduktion verbraucht wird.

Das bedeutet, dass allein das Konsumverhalten von uns Menschen auf diverse Ressourcenknappheit zurückzuführen ist.

Fazit

Die vegetarische Ernährung kann immense Vorteile für unsere eigene Gesundheit haben, das Tierleid reduzieren, ein Schritt im Kampf gegen Hungersnöte darstellen und einen Teil zum Umweltschutz beitragen. Egal aus welcher Motivation Sie persönlich zu vegetarischer Ernährung greifen, es ist eine angenehme und sehr einfache Form, um in vielen Bereichen Dinge positiv in Bewegung zu versetzen.

Die besten vegetarischen Rezepte der Expressküche

Das Leben eines berufstätigen Menschen ist vor allem durch einen Fakt gekennzeichnet: Den Mangel an Zeit. Damit Ihnen mehr Zeit für Ihre Familie, Freunde, Ihre Hobbys oder zum Entspannen zur Verfügung steht, sind in diesem Buch 100 Rezepte zusammengetragen, deren Zubereitung nicht mehr als 20 Minuten in Anspruch nimmt.

So können Sie die köstliche, vegetarische Küche genießen, ohne an Ihrer Küchenzeile gefangen zu sein.

Weiterhin können Sie einen Großteil der Gerichte luftdicht in einem Behälter verschließen und diesen entspannt mit auf die Arbeit nehmen. So bleiben Sie der dortigen Kantine oder nahegelegenen Imbissständen fern und können sich an Ihren frischen und wohlschmeckenden Gerichten erfreuen.

Bevor Sie mit dem Ausprobieren der leckeren Rezepte beginnen, möchte ich Ihnen noch wenige Informationen mit auf den Weg geben, die Sie bei der Portionierung und Zubereitung unterstützen werden.

Alle Rezepte sind mit der entsprechenden Anzahl der Portionen beschriftet, beachten Sie diesen Punkt beim Zubereiten, damit nach dem Essen niemand mit knurrendem Magen den Tisch verlässt, sondern jeder ein zufriedenes Lächeln im Gesicht trägt.

Weiterhin können Sie aus jedem Rezept die Nährwertangaben in Form von Kalorien, Kohlenhydraten, Eiweiß und Fett entnehmen. So sind Sie stets auf der sicheren Seite und wissen was Sie Ihrem Körper zuführen. Ebenso haben wir vegane Rezepte für Sie speziell gekennzeichnet, damit Sie auf einen Blick erkennen, wenn es sich um ein Gericht ganz ohne tierische Produkte handelt.

Auch die tatsächliche Zubereitungszeit ist aufgeführt, damit Sie im Vorfeld genügend Zeit für Ihre Mahlzeiten einplanen können.

Hinweise zu den Rezepten

Werte Leserin, werter Leser,

bevor wir mit den eigentlichen Rezepten starten, möchte ich Ihnen noch ein paar wichtige Hinweise mit auf den Weg geben. Dies ist nicht das erste Rezeptbuch, dass unser Team veröffentlicht, daher haben wir bereits eine gute Erfahrungsbasis und wissen, was Leser von einem Kochbuch erwarten.

Warum enthält das Kochbuch keine Fotos der Gerichte?

Viele Leser kritisieren fehlende Abbildungen der Rezepte in den Büchern auf Amazon. Um dieser Kritik zuvorzukommen, erhalten Sie hier die Erklärung: Wir versuchen unseren Lesern tolle Rezepte und Ratgeber zu einem erschwinglichen Preis anzubieten. Fotos in Büchern treiben den Buchpreis enorm in die Höhe, sodass sich der angebotene Preis beinahe verdoppeln würde.

Zusätzlich dazu erachten wir den Mehrwert durch Abbildungen für sehr begrenzt. Wer bereits einmal versucht hat Rezepte nachzukochen, wird schnell merken, dass die meisten Bilder in Kochbüchern nicht das eigentliche Gericht abbilden, sondern nur zur Veranschaulichung genutzt werden und eigentlich gar nicht vom Autor stammen. Dies ist nicht bei allen Büchern der Fall, jedoch bei sehr vielen, sodass der Leser anschließend enttäuscht ist, wenn sein Gericht nicht annähernd so aussieht wie das der Abbildung. Wir versuchen in unseren Rezepten den Prozess der Zubereitung sehr detailliert zu beschreiben, sodass ein Nachkochen überhaupt kein Problem darstellt.

Wie sind die Nährwertangaben zu bewerten?

Grundsätzlich beziehen sich alle Nährwertangaben auf jeweils eine Portion. Da die Nährwerte zwischen den Produkten verschiedener Hersteller variieren können, sollten Sie die Nährwerte als reine Orientierungshilfe nutzen. Um genaue Nährwertangaben für die von Ihnen verwendeten Produkte zu erhalten, empfehlen wir sogenannte Tracking-Apps wie z. B. MyFitnessPal. Damit haben Sie jederzeit im Blick, wie es um Ihre Makro- und Mikronährstoffe bestellt ist.

Sie finden einige Rezepte zu kompliziert oder langweilig?

Nicht jedes Rezept wird Ihnen gefallen. Wir versuchen in unseren Büchern ein breites Spektrum verschiedener Gerichte und Schwierigkeitsgrade abzudecken, dennoch hat jeder Leser seine eigenen Präferenzen. Suchen Sie sich die Rezepte aus, die am besten in Ihren Alltag passen. Die einen mögen es schlicht und einfach, andere bevorzugen eher ausgefallene Kreationen.

Was ist bei der Hygiene zu beachten?

Auch wenn es nicht explizit in jedem der folgenden Rezepte geschrieben steht: Bitte waschen sie das Obst und Gemüse gründlich vor der Zubereitung und trocknen Sie dieses ebenfalls sorgfältig ab. So stellen Sie sicher, dass grober Schmutz und ein Großteil der Bakterien, chemischen Rückstände, fremden Fingerabdrücke und Pilze entfernt werden. Weiterhin ist es selbstverständlich, dass Gemüse, das eine Schale besitzt, wie z.B. Knoblauch oder Zwiebeln, vor der Zubereitung auch ordnungsgemäß geschält wird. Deshalb ist auch dieser Schritt nicht zwingend in den Rezepten erwähnt.

Ergründen Sie nun die Vielfältigkeit der vegetarischen Expressküche. Viel Spaß und wundervolle Momente beim Zubereiten und Verkosten wünscht Ihnen ...

Ihre Regina Bahlow

Rezepte

Apfelsnack mit Ziegenkäse

2 Portionen – Zubereitungszeit: 15 Minuten

Zutaten:

- 4-5 Scheiben von einer Ziegenkäserolle
- 1 großer Apfel (süß)
- 1 Zweig frischer Thymian
- etwas Honig
- etwas Margarine

1. Apfel schälen, halbieren Kerngehäuse und Kerne entfernen. Apfel in Scheiben schneiden. Thymian waschen. Trocken schleudern, Nadeln abzupfen.
2. Backofen auf 180 Grad vorheizen.
3. Backblech mit Backpapier auslegen. Apfelscheiben auf dem Blech verteilen. Jede Apfelscheibe mit Ziegenkäse belegen. Ein wenig Margarine auf den Ziegenkäse geben. Etwas Honig darüber träufeln und mit Thymian würzen.
4. Rund 10 Minuten backen, bis der Käse weich wird, aber noch nicht zerläuft.

Nährwertangaben pro Portion:
351kcal | 19g Kohlenhydrate | 25g Fett | 16g Protein

Wraps mit Feldsalat und Tomaten

2 Portionen – Zubereitungszeit: 20 Minuten

Zutaten:

- 50g getrocknete Tomaten
- 200g Frischkäse
- 1 Knoblauchzehe
- 25g Feldsalat
- etwas Parmesan (gerieben)
- 2 Tortillas
- Salz und Pfeffer

1. Knoblauch schälen und fein hacken. Tomaten abtropfen lassen und ebenfalls fein hacken. Feldsalat verlesen, waschen, trocken schleudern.
2. Tomaten mit Knoblauch und Frischkäse verrühren und mit Salz und Pfeffer pikant abschmecken.
3. Frischkäse-Mischung auf den Tortillas verteilen, den Feldsalat darüber verteilen und mit etwas geriebenem Parmesan bestreuen. Zusammenrollen und zum Servieren in Scheiben schneiden.

Nährwertangaben pro Portion:

414kcal | 23g Kohlenhydrate | 54g Fett | 10g Protein

Pikante Toasties

2 Portionen – Zubereitungszeit: 15 Minuten

Zutaten:

- 3 EL Pesto Basilikum (Glas)
- 100g Emmentaler (gerieben)
- 1 Schalotte
- 4 Scheiben Vollkorntoast etwas Rapsöl

1. Zwiebel schälen und fein hacken.
2. Zwei Brotscheiben mit dem Pesto bestreichen. Zwei Brotscheiben mit Zwiebel und Käse belegen.
3. Je eine Pesto-Brotscheibe mit einer Käse-Zwiebel-Brotscheibe zusammenklappen und fest zusammen drücken.
4. Eine beschichtetet Pfanne mit etwas Rapsöl auspinseln. Die Brote darin von beiden Seiten anbraten, bis der Käse anfängt zu zerlaufen.

Nährwertangaben pro Portion:
494kcal | 24g Kohlenhydrate | 24g Fett | 21g Protein

Gefüllte Pitabrote

2 Portionen – Zubereitungszeit: 15 Minuten

Zutaten:

- ½ Mangold
- ½ Gurke
- 1 Schalotte
- 50g Joghurt
- etwas frische Minze
- 1 EL Dill (gehackt TK)
- 2 Pitabrote
- 6 vegetarische Frikadellen
- etwas Rapsöl
- 1 EL Olivenöl
- etwas Essig (mild)
- Salz und Pfeffer

1. Mangold putzen, waschen, trocknen und in mundgerechte Streifen schneiden. Zwiebel schälen und fein hacken. Gurke schälen und in mundgerechte Bissen schneiden. Minze waschen, trocken schütteln und fein hacken.
2. Mangold mit Gurke und Zwiebel vermischen. Aus Olivenöl, Essig, Pfeffer und Salz ein Dressing herstellen. Dill unter das Dressing rühren. Dressing mit dem Salat vermischen und beiseitestellen.
3. Joghurt mit Minze und etwas Olivenöl vermischen. Pikant mit Salz und Pfeffer würzen.
4. Vegetarische Frikadellen in einer mit Rapsöl ausgepinselten beschichteten Pfanne von beiden Seiten rund 3 Minuten braten.
5. Pitabrote mit Salat und Frikadellen füllen und zusammen mit dem Joghurt Dip servieren.

Nährwertangaben pro Portion:

580kcal | 58g Kohlenhydrate | 20g Fett | 39g Protein

Mozzarella pikant mariniert

2 Portionen – Zubereitungszeit: 20 Minuten

Zutaten:

- 250g Mozzarella
- 25g Tomaten (getrocknet)
- 8 schwarze Oliven (entsteint)
- ½ Zitrone (Saft)
- 2 EL Olivenöl
- Salz, Pfeffer, Chilipulver

1. Oliven und Tomaten fein hacken. Zitrone halbieren und eine Hälfte auspressen.
2. Oliven und Tomaten in einer Schüssel mit Olivenöl und Zitronensaft vermischen. Kräftig mit Salz, Pfeffer und Chilipulver würzen.
3. Mozzarella in mundgerechte Bissen schneiden.
4. Mozzarella mit der Würzmischung übergießen und rund 15 Minuten ziehen lassen.
5. Dazu schmeckt frisches Baguette.

Nährwertangaben pro Portion:
366kcal | 5g Kohlenhydrate | 32g Fett | 35g Protein

Paprika-Pesto auf krossem Weißbrot

2 Portionen – Zubereitungszeit: 20 Minuten

Zutaten:

- 3 geröstete Paprika (Glas)
- 2 kleine Knoblauchzehen
- 150ml Olivenöl
- 80g geriebener Grana Padano (gibt es in jedem gut sortierten Supermarkt)
- 50g geriebene Mandeln
- Ciabatta Brot (rund 100g)
- Salz und Pfeffer

1. Knoblauch schälen und fein hacken. Paprika abtropfen lassen und ebenfalls fein hacken. Ciabatta Brot in Scheiben schneiden.
2. Eine beschichtete Pfanne mit etwas Olivenöl aus pinseln. Ciabatta Brot darin von beiden Seiten goldbraun anbraten. Wer mag, kann hier schon etwas Knoblauch dazu geben.
3. In der Zwischenzeit Paprika, Knoblauch, restliches Olivenöl, Grana Padano und Mandeln mit einem Pürierstab zu einem geschmeidigem Pesto verarbeiten. Mit Salz und Pfeffer würzen.
4. Pesto auf die gerösteten Brotscheiben Scheiben geben und warm servieren.

Nährwertangaben pro Portion:
1092kcal | 51g Kohlenhydrate | 204g Fett | 52g Protein

Cracker mit Olivencreme

2 Portionen – Zubereitungszeit: 20 Minuten

Zutaten:

- 10 Cracker
- 10 Datteln (entsteint)
- 50g Oliven (schwarz, entsteint)
- 1 kleine Knoblauchzehe
- etwas Joghurt
- etwas Olivenöl
- Salz und Pfeffer

1. Die Oliven abtropfen lassen und fein hacken. Knoblauch schälen und fein hacken.
2. Oliven mit Joghurt pürieren, abschmecken und beiseitestellen.
3. In einer beschichteten Pfanne etwas Olivenöl erhitzen, den Knoblauch darin anbraten. Datteln dazu geben und unter Rühren von allen Seiten anbraten. Aus der Pfanne nehmen.
4. Cracker mit der Oliven-Joghurt Paste bestreichen, mit je einer Dattel belegen und servieren.

Nährwertangaben pro Portion:

396kcal | 70g Kohlenhydrate | 12g Fett | 7g Protein

Gefüllte Spitzpaprika

2 Portionen – Zubereitungszeit: 20 Minuten

Zutaten:

- 4 Spitzpaprika
- 100g Frischkäse
- ½ Bund Schnittlauch
- etwas Senf (mittelscharf)
- etwas Olivenöl
- Salz und Pfeffer

1. Spitzpaprika waschen und trocknen. Stielansatz abschneiden und Kerne mit einem kleinen Löffel heraus holen. Schnittlauch waschen, trocken schleudern und in feine Röllchen schneiden.
2. Frischkäse mit Schnittlauch verrühren. Mit Salz, Pfeffer und Senf pikant abschmecken. Frischkäsemischung in die Spitzpaprika füllen.
3. Olivenöl in einer beschichteten Pfanne erhitzen. Gefüllte Paprika darin von allen Seiten ein paar Minuten braten.
4. Warm servieren. Die gefüllten Paprika schmecken aber auch kalt.

Nährwertangaben pro Portion:

225kcal | 39g Kohlenhydrate | 21g Fett | 7g Protein

Käsetoast mit Tomaten

2 Portionen – Zubereitungszeit: 20 Minuten

Zutaten:

- 2 Scheiben Vollkorntoastbrot
- 2 reife Tomaten
- 1 kleine Schalotte
- 2 EL geriebener Käse (Gouda, Emmentaler)
- etwas Olivenöl
- Salz, Pfeffer, Paprikapulver (geräuchert)

1. Vollkorntoast im Toaster kurz bräunen.
2. Tomate waschen, trocknen und in Scheiben schneiden. Zwiebel schälen und in feine Ringe schneiden.
3. Etwas Olivenöl auf die Toastbrotscheiben tröpfeln. Mit Tomaten und Zwiebelscheiben belegen. Mit Salz, Pfeffer und geräuchertem Paprikapulver würzen. Mit dem Käse bestreuen.
4. Belegte Toastscheiben im Backofen kurz unter den Grill legen, bis der Käse anfängt zu verlaufen. Warm servieren.

Nährwertangaben pro Portion:
208kcal | 14g Kohlenhydrate | 13g Fett | 8g Protein

Sandwichsnack

2 Portionen – Zubereitungszeit: 15 Minuten

Zutaten:

- 2 Scheiben Sandwichtoast
- 1 Handvoll Rucola
- 1 Ei (hart gekocht)
- 2 Tomaten
- 1 EL Olivenöl
- ½ Becher *Crème fraîche*
- etwas Meerrettich (Glas)
- Salz und Pfeffer

1. Ei in rund 10 Minuten hart kochen.
2. In der Zwischenzeit Tomaten waschen, trocken und in Scheiben schneiden. Rucola verlesen, waschen, trocken schleudern und beiseitestellen.
3. Olivenöl in eine beschichtete Pfanne geben, Sandwichtoast darin von beiden Seiten kurz anbraten. Die Brotrinde abschneiden. In mundgerechte kleine Würfel schneiden und mit *Crème fraîche* und Meerrettich verrühren. Mit Salz und Pfeffer kräftig würzen.
4. Das hart gekochte Ei unter kaltem Wasser abschrecken, schälen und in Scheiben schneiden.
5. Sandwichtoast mit Rucola belegen, Tomaten darauf platzieren, Creme darüber geben und zum Schluss Eierscheiben darauf legen. Eierscheiben mit etwas Salz und Pfeffer würzen und servieren.

Nährwertangaben pro Portion:
277kcal | 17g Kohlenhydrate | 22g Fett | 8g Protein

Warmer Nudelsalat mit gebratenen Pilzen

2 Portionen – Zubereitungszeit: 15 Minuten

Zutaten:

- 250g Nudeln
- 250g Champignons (braun)
- 6 Kirschtomaten
- 1 Schalotte
- 50g schwarze entsteinte Oliven
- ½ Zitrone (Saft)
- 4 EL Olivenöl
- Salz und Pfeffer

1. Nudeln nach Packungsanleitung in Salzwasser kochen.
2. Champignons putzen. Am besten mit einem Küchentuch abreiben oder mit einem Pinsel säubern und nicht kochen. Champignons in Scheiben schneiden.
3. 1 EL Olivenöl in eine beschichtete Pfanne geben, die Champignons darin scharf anbraten, würzen und auf die Seite stellen.
4. Tomaten waschen, trocknen und halbieren. Oliven halbieren. Schalotte schälen und fein hacken. Zitrone halbieren und nur den Saft einer halben Zitrone auspressen und verwenden.
5. Aus Zitronensaft, Olivenöl, Salz und Pfeffer eine Vinaigrette zubereiten.
6. Nudeln abgießen und in eine große Schüssel geben. Die gebratenen Champignons, die Tomaten, die Oliven und die Schalotte unterheben. Mit der Vinaigrette beträufeln und servieren.

Nährwertangaben pro Portion:

509kcal | 45g Kohlenhydrate | 32g Fett | 11g Protein

Tomaten Rucola Salat mit gebackenem Camembert

2 Portionen – Zubereitungszeit: 20 Minuten

Zutaten:

- 1 Packung Rucola
- 4 Cocktailtomaten
- 1 Camembert
- 4 EL Olivenöl
- 1 EL milder Essig
- etwas Honig
- etwas Senf
- Salz und Pfeffer

1. Camembert für rund 8 Minuten bei 180 Grad im Ofen braten. Dazu eine feuerfeste Form benutzen, die mit etwas Olivenöl ausgepinselt ist. Auf die Oberseite des Käses auch etwas Olivenöl geben.
2. In der Zwischenzeit Rucola putzen, waschen trocken schleudern und auf Teller geben. Tomaten waschen, trocknen und halbieren.
3. Aus dem restlichen Olivenöl, dem Essig, Honig, Senf, Salz und Pfeffer ein Dressing herstellen.
4. Tomaten auf dem Rucola verteilen und mit dem Dressing beträufeln. Camembert darauf legen und servieren.

Nährwertangaben pro Portion:

330kcal | 9g Kohlenhydrate | 31g Fett | 5g Protein

Grüner Bohnensalat mit Roquefort

2 Portionen – Zubereitungszeit: 20 Minuten

Zutaten:

- 250g Bohnen (TK)
- 20g Roquefort Käse
- 15g gehackte Walnüsse
- 1 Schalotte
- 2-3 EL Olivenöl
- ½ EL milder Essig
- Salz und Pfeffer

1. Bohnen in Salzwasser in rund 10 Minuten bissfest kochen. Danach abgießen und mit kaltem Wasser abschrecken.
2. In der Zwischenzeit die Schalotte schälen und fein hacken.
3. Aus Öl, Essig, Pfeffer und Salz ein Dressing herstellen. Die Schalotte zu dem Dressing geben und etwas marinieren lassen.
4. Die Bohnen in eine Schüssel geben, mit dem Dressing und der Schalotte vermischen. Den Salat auf Teller geben.
5. Zum Servieren jeden Salatteller mit Walnüssen und zerbröseltem Roquefort Käse bestreuen.

Nährwertangaben pro Portion:

350kcal | 21g Kohlenhydrate | 26g Fett | 10g Protein

Rettich-Weißkohlsalat

2 Portionen – Zubereitungszeit: 20 Minuten

Zutaten:

- 1 kleiner Rettich
- ½ kleiner Weißkohlkopf
- 1 Möhre
- etwas Dill (TK)
- etwas Petersilie (frisch)
- 2 EL Rapsöl
- etwas Essig
- etwas Honig
- Salz und Pfeffe

1. Rettich und Möhren schälen. Rettich in dünne Scheiben hobeln, Möhre raspeln. Weißkohl putzen, vierteln, den harten Strunk entfernen. Weißkohl in feine Streifen hobeln.
2. Rettich, Möhren und Weißkohl in eine Schüssel geben.
3. Ein Dressing aus Essig, Öl, Salz, Pfeffer und Honig herstellen. TK Dill unterrühren. Dressing in die Schüssel zu dem Salat geben und alles gut durchmischen. Etwas ziehen lassen.
4. In der Zwischenzeit Petersilie waschen, trocken schleudern und klein hacken.
5. Petersilie über den Salat streuen und servieren.

Nährwertangaben pro Portion:

123kcal | 31g Kohlenhydrate | 2g Fett | 6g Protein

Bunter Couscous Salat

2 Portionen – Zubereitungszeit: 20 Minuten

Zutaten:

- 200g Couscous
- 1 Apfel (Bio)
- 200g Rote Beete (gekocht)
- 1 kleine Fenchelknolle
- 50g Walnüsse (gehackt)
- 2 EL Rapsöl
- 1 EL Obstessig
- Salz und Pfeffer

1. Couscous nach Packungsanleitung kochen.
2. In der Zwischenzeit Fenchel putzen, schälen, Strunk entfernen und in mundgerechte Streifen schneiden.
3. Walnüsse in einer beschichteten Pfanne ohne Fett kurz rösten. Walnüsse aus der Pfanne nehmen und beiseitestellen.
4. Etwas Rapsöl in die Pfanne geben und den Fenchel darin rund 5 Minuten braten.
5. In der Zwischenzeit den Apfel waschen, trocknen und in mundgerechte Bissen schneiden. Rote Beete aus der Verpackung nehmen, abtropfen lassen und ebenfalls in mundgerechte Stücke schneiden.
6. Couscous in eine große Schüssel geben, mit Fenchel, Rote Beete und Apfel vermischen. Mit Salz, Pfeffer, Essig und Öl würzen und servieren.

Nährwertangaben pro Portion:

694kcal | 91g Kohlenhydrate | 28g Fett | 19g Protein

Mango Salat mit Mozzarella

2 Portionen – Zubereitungszeit: 20 Minuten

Zutaten:

- 1 Mango (reif)
- rund 100g Mozzarella
- 50g Feldsalat
- 1 kleine Schalotte
- etwas Limettensaft
- 50g Joghurt
- 1 EL Olivenöl
- etwas Honig
- Salz und Pfeffer

1. Mango schälen und Fruchtfleisch in mundgerechte Bissen schneiden. Feldsalat putzen, waschen, trocken schleudern und auf Teller verteilen. Schalotte schälen und fein hacken. Mozzarella abtropfen lassen und in mundgerechte Scheiben schneiden. Limette halbieren und auspressen.
2. Aus Joghurt, Olivenöl, Salz, Pfeffer, Honig und Limettensaft ein Dressing herstellen. Gehackte Schalotte unterrühren.
3. Mango und Mozzarellastücke auf den Feldsalat legen.
4. Mit dem Dressing beträufeln und servieren.

Nährwertangaben pro Portion:

233kcal | 22g Kohlenhydrate | 17g Fett | 11g Protein

Kichererbsen-Bohnensalat

2 Portionen – Zubereitungszeit: 20 Minuten

Zutaten:

- 200g Kichererbsen (Dose)
- 200g weiße Bohnen (Dose)
- 6 Cocktailtomaten
- 1 Schalotte
- 100g gegrillte Paprika (Dose)
- 3 EL Olivenöl
- etwas Essig
- Salz und Pfeffer

1. Kichererbsen und weiße Bohnen abgießen und kurz mit kaltem Wasser spülen. Abtropfen lassen und in eine Schüssel geben.
2. Schalotte schälen und fein hacken. Tomaten waschen trocknen und halbieren. Paprika in mundgerechte Stücke schneiden.
3. Aus Olivenöl, Essig, Salz und Pfeffer eine Vinaigrette herstellen.
4. Schalotte zu den Kichererbsen und Bohnen in die Schüssel geben. Paprika und Tomaten unterheben.
5. Die Vinaigrette dazu geben und alles gut durchrühren.
6. Ein paar Minuten ziehen lassen und servieren.

Nährwertangaben pro Portion:
468kcal | 37g Kohlenhydrate | 26g Fett | 16g Protein

Bunter Eisbergsalat

2 Portionen – Zubereitungszeit: 15 Minuten

Zutaten:

- ½ Dose Mais
- 1 Eisbergsalat (klein)
- 1 kleine rote Zwiebel
- 2 EL Rapsöl
- 1 EL milder Essig
- 2 EL Frischkäse
- Salz und Pfeffer

1. Eisbergsalat putzen, waschen, trocken schleudern und in mundgerechte Bissen rupfen. Zwiebel schälen und fein hacken. Mais abtropfen lassen und kurz mit kaltem Wasser spülen.
2. Aus Rapsöl, Essig, Frischkäse, Salz und Pfeffer ein Dressing herstellen.
3. Salat, Mais und Zwiebel in eine große Schüssel geben. Dressing unterrühren und servieren.

Nährwertangaben pro Portion:
220kcal | 18g Kohlenhydrate | 14g Fett | 7g Protein

Quinoa mit Salat

2 Portionen – Zubereitungszeit: 20 Minuten

Zutaten:

- 100g Quinoa
- 100g Römersalat Herzen
- ½ Salatgurke
- ½ Paprika (gelb)
- 6 Cocktailtomaten
- 2 EL Olivenöl
- 1 EL milder Essig
- etwas Senf
- etwas Honig
- Salz und Pfeffer

1. Quinoa nach Packungsanleitung garen.
2. Römersalat putzen, waschen, trocken schütteln. Römersalat in mundgerechte Bissen rupfen. Paprika waschen, trocknen, halbieren. Strunk und Kerne entfernen. Paprika in kleine Würfel schneiden. Gurke schälen und in mundgerechte Stücke schneiden. Cocktailtomaten waschen trocknen und halbieren.
3. Aus Öl, Essig, Senf, Honig, Salz und Pfeffer ein Dressing herstellen.
4. Gemüse in eine große Schüssel geben. Quinoa unterrühren. Alles mit dem Dressing vermischen und servieren.

Nährwertangaben pro Portion:
404kcal | 52g Kohlenhydrate | 18g Fett | 11g Protein

Bunter Salatmix

2 Portionen – Zubereitungszeit: 20 Minuten

Zutaten:

- 125g Blattsalate (zum Beispiel Lollo rosso, Römersalat, Rucola, Feldsalat
- ½ Salatgurke
- ½ Rettich
- ½ Kohlrabi
- 2 EL Olivenöl
- 1 EL milder Essig
- etwas Honig
- Salz und Pfeffer

1. Blattsalate putzen, waschen, trocken schütteln und in mundgerechte Bissen rupfen.
2. Gurke, Rettich und Kohlrabi schälen und in mundgerechte Bissen schneiden.
3. Aus Olivenöl, Essig, Honig, Salz und Pfeffer ein kräftiges Dressing zubereiten.
4. Salat in eine Schüssel geben, mit dem Dressing vermischen und servieren.
5. Tipp: Dieser Salat lässt sich variieren mit allen Salaten, die gerade frisch zu kaufen sind.

Nährwertangaben pro Portion:

200kcal | 15g Kohlenhydrate | 15g Fett | 4g Protein

Fruchtiger Rucola Salat

2 Portionen – Zubereitungszeit: 15 Minuten

Zutaten:

- ½ Packung Rucola
- 2 Äpfel
- 200g Möhren
- 3 EL Olivenöl
- ½ Zitrone (Saft)
- etwas Honig
- Salz und Pfeffer

1. Rucola putzen, waschen, trocken schütteln und in mundgerechte Bissen rupfen. Möhren schälen und grob raspeln. Äpfel schälen, vierteln und das Kerngehäuse und die Kerne entfernen. Apfelfleisch in mundgerechte Bissen schneiden.
2. Aus Olivenöl, Zitronensaft, Honig, Salz und Pfeffer eine kräftige Vinaigrette zubereiten.
3. Rucola auf Tellern verteilen, Apfelstücke und Möhren darauf legen. Mit der Vinaigrette vermischen, ein paar Minuten durchziehen lassen und servieren.

Nährwertangaben pro Portion:

315kcal | 32g Kohlenhydrate | 21g Fett | 2g Protein

Sommersalat

2 Portionen – Zubereitungszeit: 15 Minuten

Zutaten:

- 200g Wassermelone
- 1 kleiner Salat (Eisberg oder Kopfsalat)
- ½ rote Paprika
- 1 Schalotte
- 6 Cocktailtomaten
- 100g Feta
- 3 EL Olivenöl
- 1 EL milder Essig
- etwas Honig
- Salz und Pfeffer

1. Salat putzen, waschen, trocken schütteln und in mundgerechte Bissen rupfen. Paprika waschen, trocknen, halbieren. Strunk und Kerne entfernen. Paprika in kleine Würfel schneiden. Schalotte schälen und fein hacken. Tomaten waschen, trocknen und halbieren. Wassermelone halbieren, Kerne und Schale entfernen. Fruchtfleisch der Melone in mundgerechte Stücke schneiden. Feta in mundgerechte Bissen schneiden.
2. Aus Olivenöl, Essig, Honig, Salz und Pfeffer eine Vinaigrette zubereiten.
3. Melone mit Salat, Cocktailtomaten, Paprika und Schalotte vermischen. Die Fetawürfel unterheben, alles mit der Vinaigrette beträufeln und servieren.

Nährwertangaben pro Portion:

410kcal | 23g Kohlenhydrate | 31g Fett | 14g Protein

Bunter Brotsalat

2 Portionen – Zubereitungszeit: 20 Minuten

Zutaten:

- 100g Ciabatta
- ½ Packung Rucola
- 10 Kirschtomaten
- 1 Schalotte
- 1 Knoblauchzehe
- 50g geriebener Parmesan
- circa 6 EL Olivenöl
- ½ Zitrone (Saft)
- etwas Honig
- Salz und Pfeffer

1. Brot in mundgerechte Bissen schneiden. Rucola putzen, waschen, trocken schütteln und in mundgerechte Bissen rupfen. Schalotte und Knoblauchzehe schälen und fein hacken. Tomaten waschen, trocknen und halbieren. Zitrone halbieren, eine Hälfte auspressen, die andere Hälfte anderweitig verwenden.
2. Circa 3 EL Olivenöl in einer beschichteten Pfanne erhitzen. Brotwürfel darin braten bis sie leicht gebräunt sind. Knoblauch dazu geben und kurz mit braten lassen.
3. Aus dem restlichen Olivenöl, Zitronensaft, Honig, Salz und Pfeffer eine Vinaigrette zubereiten.
4. Alle Zutaten vermischen, kurz durchziehen lassen und lauwarm servieren.

Nährwertangaben pro Portion:

682kcal | 42g Kohlenhydrate | 51g Fett | 15g Protein

Leichter Salat auf griechische Art

2 Portionen – Zubereitungszeit: 20 Minuten

Zutaten:

- ½ Salatgurke
- 1 kleine Paprika (rot)
- 4 Tomaten
- 1 Schalotte
- 10 Oliven (schwarz, entsteint, Glas)
- 125g Feta
- circa 2 EL Olivenöl
- ½ Zitrone (Saft)
- etwas Honig
- Salz und Pfeffer

1. Paprika waschen, trocknen, Strunk und Kerne entfernen. Paprikafleisch in mundgerechte Würfel schneiden. Tomaten waschen, trocknen, halbieren und in Scheiben schneiden. Gurke schälen, halbieren und in mundgerechte Würfel schneiden. Schalotte schälen und fein hacken. Oliven abtropfen lassen und in Ringe schneiden. Feta abtrocknen und in mundgerechte Würfel schneiden.
2. Das Gemüse und den Feta in eine Schüssel geben und gut vermischen.
3. Aus Olivenöl, Zitronensaft, Honig, Salz und Pfeffer eine Vinaigrette zubereiten.
4. Alle Zutaten vermischen, kurz durchziehen lassen und servieren.

Nährwertangaben pro Portion:

439kcal | 15g Kohlenhydrate | 36g Fett | 17g Protein

Spargelsalat mit Erdbeeren

2 Portionen – Zubereitungszeit: 20 Minuten

Zutaten:

- 125g Erdbeeren
- 300g Spargel (weiß und geschält)
- eine Handvoll Rucola
- 125g *Crème fraîche*
- 4 EL Milch
- etwas Agavendicksaft
- Salz und Pfeffer

1. Spargel waschen, in mundgerechte Bissen schneiden, in kochendes Salzwasser geben und auf kleiner Flamme in rund 12-15 Minuten gar, aber noch bissfest kochen.
2. In der Zwischenzeit Rucola und Erdbeeren verlesen, waschen und trocken schleudern und Stielansatz entfernen. Rucola in mundgerechte Bissen reißen oder schneiden. Erdbeeren vierteln.
3. Milch und *Crème fraîche* verrühren, mit Salz, Pfeffer und etwas Agavendicksaft kräftig würzen.
4. Rucola auf Tellern verteilen. Mit den Spargelstücken und den geviertelten Erdbeeren belegen und mit dem Dressing beträufeln.

Nährwertangaben pro Portion:
286kcal | 17g Kohlenhydrate | 21g Fett | 6g Protein

Bunter Gemüsetopf

2 Portionen – Zubereitungszeit: 20 Minuten
vegan

Zutaten:

- 250g Kartoffeln
- 100g Zuckerschoten
- 300g Möhren
- 2 Lauchzwiebeln
- 1 Dose Kokosmilch
- 1 EL Rapsöl
- Wasser nach Bedarf
- Salz und Pfeffer
- Currypulver (mild)

1. Kartoffeln und Möhren schälen und in kleine Würfel schneiden. Zuckerschoten putzen waschen, trocken schütteln und in mundgerechte Bissen schneiden. Lauchzwiebeln putzen, waschen, trocken schütteln und in Ringe schneiden.
2. Rapsöl in einem Topf erhitzen, Gemüse dazugeben und kurz anbraten.
3. Kokosmilch unter Rühren dazugeben, mit Salz, Pfeffer und Curry würzen. Auf kleiner Flamme rund 15 Minuten köcheln lassen.
4. Wenn der Gemüsetopf zu dickflüssig wird, etwas Wasser nachgießen.
5. Eventuell nachwürzen und servieren.

Nährwertangaben pro Portion:
592kcal | 44g Kohlenhydrate | 43g Fett | 7g Protein

Süßsaurer Linseneintopf

2 Portionen – Zubereitungszeit: 20 Minuten
vegan

Zutaten:

- 200g Linsen (getrocknet)
- 2 Möhren
- 1 Zwiebel
- 1 Lauchstange
- 500ml Gemüsebrühe
- 1 EL Mehl
- etwas Margarine
- Salz und Pfeffer
- Essig
- Agavendicksaft

1. Möhren und Zwiebel schälen und fein hacken. Lauchstange putzen, waschen, trocken schütteln und in Ringe schneiden.
2. Margarine in einem Topf erhitzen, Gemüse dazugeben und kurz anschwitzen.
3. Mehl dazugeben und kräftig durchrühren. Gemüsebrühe dazugeben und rühren, bis sich das Mehl aufgelöst hat.
4. Linsen dazu geben und knapp 15 Minuten köcheln lassen.
5. Mit Salz und Pfeffer würzen. Dann Essig und Agavendicksaft nach Geschmack zu dem Eintopf geben und servieren.

Nährwertangaben pro Portion:
485kcal | 77g Kohlenhydrate | 6g Fett | 28g Protein

Pilz Omelett mit Avocado und Fetakäse

2 Portionen – Zubereitungszeit: 15 Minuten

Zutaten:

- 1 kleine Zwiebel
- 200g Champignons
- 75g Fetakäse
- ½ Avocado
- 4 Eier
- 2 EL Milch
- 1 EL Rapsöl
- Salz und Pfeffer nach Geschmack

1. Champignons putzen, halbieren und in dünne Scheiben schneiden. Zwiebel schälen und fein hacken.
2. Eier mit Milch verquirlen und mit Salz und Pfeffer würzen.
3. Avocado in dünne Scheiben schneiden. Fetakäse zerkrümeln.
4. Champignons und Zwiebel in einer Pfanne mit etwas Rapsöl anbraten. Mit Salz und Pfeffer würzen und beiseitestellen.
5. Restliches Rapsöl in eine beschichtetet Pfanne geben und nacheinander aus der Eier-Milchmasse zwei Omeletts braten.
6. Jedes Omelett zur Hälfte mit der Champignon-Zwiebel Mischung und den Avocadoscheiben belegen. Fetakäse darüber streuen. Zuklappen und servieren.

Nährwertangaben pro Portion:

408kcal | 6g Kohlenhydrate | 30g Fett | 29g Protein

Zucchini-Kartoffelpuffer

2 Portionen – Zubereitungszeit: 20 Minuten

Zutaten:

- 200g Zucchini
- 200g Kartoffeln
- 1 EL Dinkelmehl
- 1 Ei
- ½ Bund Petersilie
- etwas Rapsöl
- Salz und Pfeffer nach Geschmack

1. Zucchini und Kartoffeln schälen und grob raspeln. Petersilie waschen, trocken schleudern und fein hacken.
2. Die Gemüsemasse fest ausdrücken. Mehl und Ei dazugeben und gut verrühren.
3. Mit Salz und Pfeffer würzen und die gehackte Petersilie unterrühren.
4. Rapsöl in einer beschichteten Pfanne erhitzen und die Zucchini-Kartoffelpuffer nacheinander von beiden Seiten goldbraun braten.
5. Kurz zum Öl aufsaugen auf Küchenpapier legen, dann warm servieren.

Nährwertangaben pro Portion:
203kcal | 24g Kohlenhydrate | 9g Fett | 9g Protein

Rosenkohl auf Bandnudeln

2 Portionen – Zubereitungszeit: 20 Minuten

Zutaten:

- 300g Bandnudeln
- 300g Rosenkohl
- 1-2 EL Rapsöl
- 50g Parmesan (gerieben)
- 50g Walnüsse (gehackt)
- etwas Muskat nach Geschmack
- Salz und Pfeffer nach Geschmack

1. Rosenkohl putzen, waschen und halbieren.
2. Rosenkohl in einem Topf mit gesalzenem Wasser rund 4 Minuten kochen. Die Röschen sollten noch bissfest sein. Wasser abgießen und Röschen beiseitestellen.
3. Nudeln nach Anleitung in gesalzenem Wasser bissfest kochen.
4. Rapsöl in einer beschichteten Pfanne erhitzen. Rosenkohl dazugeben und rund 2 Minuten braten. Walnüsse dazugeben und kurz mit braten lassen. Mit Salz, Pfeffer und Muskat würzen.
5. Nudeln abgießen und etwas Nudelwasser (rund 100ml) auffangen.
6. Nudeln und aufgefangenes Nudelwasser zu dem Rosenkohl in die Pfanne geben. Durch schwenken, Parmesan untermischen und servieren.

Nährwertangaben pro Portion:

605kcal | 50g Kohlenhydrate | 34g Fett | 25g Protein

Herbstlicher Tortellini Eintopf

2 Portionen – Zubereitungszeit: 20 Minuten

Zutaten:

- 250g Tortellini mit Ricotta-Spinatfüllung
- ½ Packung Suppengrün (Möhren, Lauch, Sellerie)
- 300ml Gemüsebrühe
- 80g Erbsen (TK)
- 1 EL Olivenöl
- 1 EL Tomatenmark
- Salz und Pfeffer nach Geschmack

1. Das Suppengrün putzen, waschen und in mundgerechte Bissen schneiden.
2. Olivenöl in einem Topf erhitzen, das Suppengrün darin rund 3 Minuten anbraten.
3. Tomatenmark unterrühren, kurz mit braten lassen und mit der Gemüsebrühe ablöschen.
4. Tortellini und Erbsen dazugeben und rund 3-4 Minuten köcheln lassen.
5. Mit Salz und Pfeffer nach Geschmack würzen und servieren.

Nährwertangaben pro Portion:

335kcal | 48g Kohlenhydrate | 10g Fett | 13g Protein

Schneller Erbseneintopf

2 Portionen – Zubereitungszeit: 20 Minuten

Zutaten:

- 300g Erbsen (TK)
- 1 Bund Lauchzwiebeln
- 500ml Gemüsebrühe
- 1 Mozzarella
- Salz und Pfeffer nach Geschmack

1. Lauchzwiebeln putzen, waschen, trockenschleudern und in grobe Stück schneiden.
2. Gemüsebrühe in einen Topf geben und zum Kochen bringen.
3. TK Erbsen und Lauchzwiebeln dazu geben und rund 10 Minuten auf kleiner Flamme köcheln lassen.
4. In der Zwischenzeit Mozzarella abtropfen lassen, halbieren und in Scheiben schneiden. Zu dem Eintopf geben und alles noch einmal rund 5 Minuten köcheln lassen, bis sich der Mozzarella aufgelöst hat.
5. Mit dem Pürierstab durch mixen. Mit Salz und Pfeffer würzen und servieren.

Nährwertangaben pro Portion:
249kcal | 30g Kohlenhydrate | 65g Fett | 14g Protein

Bandnudeln mit Zitrone und Rucola

2 Portionen – Zubereitungszeit: 20 Minuten

Zutaten:

- 200g Bandnudeln
- 100g Rucola
- 1 grüne Paprika
- ½ Zitrone
- 1 kleine Knoblauchzehe
- 1 EL Olivenöl
- Salz und Pfeffer nach Geschmack

1. Paprika waschen, trocknen, Stielansatz und Kerne entfernen. Paprika in mundgerechte Bissen schneiden. Rucola putzen, waschen und trockenschleudern. Knoblauchzehe schälen und fein hacken. Zitrone halbieren und ausdrücken. Nur den Saft einer Zitronenhälfte verwenden.
2. Nudeln nach Packungsanleitung in Salzwasser bissfest kochen.
3. In der Zwischenzeit Öl in einer beschichteten Pfanne erhitzen. Knoblauch darin anbraten. Paprikawürfel dazugeben und rund 3 Minuten braten lassen.
4. Nudeln abgießen und rund 100ml Nudelwasser aufheben.
5. Nudeln mit dem aufgefangenen Nudelwasser in die Pfanne zu der Paprika-Knoblauch Mischung geben und gut durch schwenken.
6. Rucola unterheben. Mit Salz, Pfeffer und Zitronensaft würzen und servieren.

Nährwertangaben pro Portion:

241kcal | 34g Kohlenhydrate | 9g Fett | 8g Protein

Würziges Omelett mit Cheddarkäse

2 Portionen – Zubereitungszeit: 20 Minuten

Zutaten:

- 50g Cheddarkäse (gerieben)
- 1 Bund Lauchzwiebeln
- 6 Eier
- etwas Margarine
- 1 Bund Petersilie
- Salz und Pfeffer nach Geschmack

1. Lauchzwiebeln putzen, waschen, trocken schleudern und in feine Ringe schneiden. Petersilie putzen, waschen, trocken schleudern und fein hacken.
2. Eier verquirlen und mit Salz und Pfeffer nach Geschmack würzen.
3. Cheddarkäse und gehackte Petersilie unterheben.
4. In einer großen beschichteten Pfanne die Margarine erhitzen und die Lauchzwiebeln 2-3 Minuten darin anbraten.
5. Die verquirlten Eier dazugeben, vorsichtig einmal durchrühren. Dann Deckel auf die Pfanne setzen und die Eier in rund 12 Minuten auf kleiner Flamme stocken lassen.

Nährwertangaben pro Portion:

455kcal | 11g Kohlenhydrate | 32g Fett | 31g Protein

Kürbiseintopf

2 Portionen – Zubereitungszeit: 20 Minuten

Zutaten:

- 500g Hokkaido Kürbis
- 1 kleine Zwiebel
- ½ Bund Suppengrün (Möhren, Sellerie, Lauch)
- 1 EL Rapsöl
- ½ Becher Crème fraîche
- 200ml Gemüsebrühe
- 1 TL mittelscharfer Senf
- ½ TL Honig
- Salz und Pfeffer nach Geschmack

1. Kürbis halbieren und Kerne entfernen. Kürbisfleisch waschen, trocknen und in Würfel schneiden. Der Hokkaido Kürbis braucht in der Regel nicht geschält zu werden.
2. Suppengrün putzen, waschen, trocken schleudern und in Würfel schneiden, den Lauch in Ringe. Zwiebel schälen und hacken.
3. Öl in einem Topf erhitzen. Die Zwiebel darin anschwitzen. Das Suppengrün und die Kürbiswürfel dazugeben.
4. Mit der Gemüsebrühe aufgießen und rund 15 Minuten köcheln lassen.
5. Wer mag, kann den Eintopf pürieren.
6. Crème fraîche unterrühren. Mit Salz und Pfeffer würzen. Honig und Senf nach Geschmack dazu geben und servieren.

Nährwertangaben pro Portion:

316kcal | 39g Kohlenhydrate | 14g Fett | 7g Protein

Curry mit Linsen und Paprika

2 Portionen – Zubereitungszeit: 20 Minuten

Zutaten:

- 1 rote Paprika
- 1 gelbe Paprika
- 1 Zwiebel
- 125g Linsen (rot)
- Sojasoße nach Geschmack
- 250ml Wasser
- 1 EL Rapsöl
- 100g Reis (Basmati)
- Salz und Pfeffer
- Currypulver (mild)
- etwas Sahne

1. Paprika waschen, trocknen, halbieren und die Kerne entfernen. Paprika in kleine Würfel schneiden. Zwiebel schälen und fein hacken.
2. Basmatireis nach Packungsanleitung kochen.
3. In der Zwischenzeit Öl in einer Pfanne erhitzen, Gemüse und Linsen dazugeben und anbraten. Wasser dazugeben und auf kleiner Flamme 10 Minuten köcheln lassen.
4. Linsen-Paprikamischung mit Salz und Pfeffer, Sojasoße und Curry kräftig würzen. Sahne unterrühren und zusammen mit dem Reis servieren.

Nährwertangaben pro Portion:

469kcal | 72g Kohlenhydrate | 6g Fett | 25g Protein

Pikante Pilzpfanne mit Reis

2 Portionen – Zubereitungszeit: 20 Minuten

Zutaten:

- 500g braune Champignons
- 1 Zwiebel
- 4 Cornichons
- 200ml Gemüsebrühe
- 1 Becher Sahne
- 1 EL Rapsöl
- 100ml trockenen Weißwein
- 150g Basmatireis
- Salz und Pfeffer
- etwas Senf

1. Basmatireis nach Packungsanleitung zubereiten.
2. In der Zwischenzeit Champignons putzen, möglichst nicht waschen, sondern mit einem Pinsel oder einem Tuch säubern. Champignons in Scheiben schneiden. Zwiebel schälen und fein hacken. Cornichons fein hacken.
3. Öl in einer beschichteten Pfanne erhitzen, Zwiebel dazugeben und anbraten. Champignons dazugeben und ebenfalls anbraten. Mit Wein ablöschen und unter Rühren den Wein verkochen lassen. Gemüsebrühe und Cornichons dazugeben. Einmal aufkochen lassen. Sahne dazugeben und mit Salz und Pfeffer würzen.
4. Pilzpfanne mit dem Basmatireis servieren.

Nährwertangaben pro Portion:
686kcal | 65g Kohlenhydrate | 36g Fett | 17g Protein

Kartoffel-Wirsingtopf

2 Portionen – Zubereitungszeit: 20 Minuten

Zutaten:

- 500g Wirsing
- 1 Zwiebel
- 250g Kartoffeln
- 150g Räuchertofu
- 250ml Gemüsebrühe
- 1-2 EL Rapsöl
- ½ Becher Crème fraîche
- Salz und Pfeffer

1. Wirsing putzen, waschen, trockenschleudern und in mundgerechte Bissen schneiden. Kartoffeln schälen und in kleine Viertel schneiden. Zwiebel schälen und fein hacken. Tofu trocknen und in mundgerechte Viertel schneiden.
2. Rapsöl in einem Topf erhitzen, Zwiebel dazugeben und kurz anbraten. Kartoffeln und Wirsing dazugeben und kurz mit braten lassen.
3. Gemüsebrühe und Tofuwürfel unter Rühren dazugeben. Auf kleiner Flamme rund 10 Minuten köcheln lassen.
4. Mit Salz und Pfeffer würzen, Crème fraîche unterrühren und servieren.

Nährwertangaben pro Portion:

440kcal | 30g Kohlenhydrate | 23g Fett | 24g Protein

Gebratenes Gemüse mit Eiernudeln

2 Portionen – Zubereitungszeit: 20 Minuten

Zutaten:

- 125g Eiernudeln
- 100g Sojasprossen
- 1 mittelgroße Möhre
- 1 Lauchzwiebel
- 1 EL Rapsöl
- Sojasoße nach Geschmack
- Salz und Pfeffer

1. Die Eiernudeln nach Packungsanleitung kochen.
2. In der Zwischenzeit Möhre schälen und in sehr kleine Viertel schneiden. Lauchzwiebel putzen, waschen, trocken schütteln und in sehr feine Ringe schneiden.
3. Rapsöl in einer beschichteten Pfanne erhitzen, Möhrenstücke dazugeben, anbraten und auf kleiner Flamme weiter braten bis sie bissfest sind. Eventuell etwas Wasser zugeben, damit die Möhren nicht anbrennen. Sojasprossen und Lauchzwiebeln dazugeben und rund 3 Minuten mit braten lassen, bis die Sojasprossen gar sind.
4. Die abgegossenen Eiernudeln in die Pfanne geben. Alles gut durch schwenken, mit Sojasoße, Salz und Pfeffer würzen und servieren.

Nährwertangaben pro Portion:

306kcal | 49g Kohlenhydrate | 7g Fett | 10g Protein

Weißkohl aus dem Wok

2 Portionen – Zubereitungszeit: 20 Minuten
vegan

Zutaten:

- 200g Weißkohl
- 1 kleine Stange Lauch
- 2 Karotten
- 1 Dose Ananas (klein)
- 1 EL Nussöl
- 20 Erdnusskerne
- Sojasoße nach Geschmack
- Salz und Pfeffer

1. Weißkohl putzen und mit dem Gemüsehobel in feine Ringe hobeln. Karotten schälen und in kleine Würfel schneiden. Lauch putzen, waschen, trocken schütteln und in feine Ringe schneiden.
2. Nussöl im Wok erhitzen. Wer keinen Wok hat, kann auch eine beschichtete Pfanne nehmen. Karotten in den Wok/die Pfanne geben und anbraten. Kohl dazugeben und unter Rühren rund 3 Minuten mit braten lassen. Lauch dazugeben und weiter braten lassen bis die Karotten gar und noch bissfest sind.
3. Ananas abgießen, Ananasstücke in den Wok/die Pfanne geben und alles gut durchrühren.
4. Erdnusskerne klein hacken.
5. Gemüse mit Salz, Pfeffer und Sojasoße würzen.
6. Mit den gehackten Erdnusskernen bestreuen und servieren.

Nährwertangaben pro Portion:

675kcal | 30g Kohlenhydrate | 56g Fett | 8g Protein

Käsesandwich mit Tomatensuppe

2 Portionen – Zubereitungszeit: 20 Minuten

Zutaten:

- 250g passierte Tomaten
- 1 Zwiebel
- 1 Knoblauchzehe
- 1 EL Olivenöl
- 50ml Sahne
- 4 Scheiben Vollkorntoast
- 60g Gouda oder Emmentaler (gerieben)
- 1 EL Mayonnaise
- 1 EL Senf
- etwas Margarine
- Salz und Pfeffer

1. Zwiebel und Knoblauchzehe schälen und fein hacken.
2. Öl in einem Topf erhitzen, Knoblauch und Zwiebel dazugeben und anbraten. Wenn die Zwiebeln glasig sind, die passierten Tomaten dazugeben, umrühren und auf kleiner Flamme rund 5 Minuten köcheln lassen.
3. In der Zwischenzeit Mayonnaise und Senf verrühren und jeweils auf eine Seite der vier Toastscheiben streichen. Käse auf zwei der Toastscheiben streuen. Je zwei Toastscheiben so zusammenklappen, dass der Käse in der Mitte ist. Zusammengeklappte Toastscheiben von außen mit Margarine bestreichen und in einer beschichteten Pfanne von beiden Seiten braten bis der Käse geschmolzen ist.
4. Sahne in die Suppe rühren. Suppe mit Salz und Pfeffer würzen und zusammen mit dem Käsetoast servieren.

Nährwertangaben pro Portion:

477kcal | 29g Kohlenhydrate | 32g Fett | 17g Protein

Zitronige Spiralnudeln mit Artischocken

2 Portionen – Zubereitungszeit: 20 Minuten

Zutaten:

- 250g Spiralnudeln
- 1 Schalotte
- 2 Knoblauchzehen
- 100ml Gemüsebrühe
- 100g Artischockenherzen (Dose)
- 1 Zitrone
- 1 EL Kapern
- ½ Becher Crème fraîche
- 1 EL Rapsöl
- etwas geriebenen Parmesankäse
- Salz und Pfeffer nach Geschmack

1. Zwiebel und Knoblauchzehen schälen und fein hacken. Artischockenherzen abgießen und in mundgerechte Bissen schneiden. Zitrone halbieren, auspressen und 1 EL Zitronensaft abmessen. Den restlichen Zitronensaft anderweitig verwenden.
2. Nudeln nach Packungsanleitung zubereiten.
3. Öl in einer beschichteten Pfanne erhitzen, Knoblauch und Zwiebeln darin bei mittlerer Hitze anbraten, bis die Zwiebeln glasig sind. Mit der Gemüsebrühe aufgießen und aufkochen lassen. Hitze wieder reduzieren. Artischockenherzen, Kapern und Zitronensaft dazugeben. Mit Salz und Pfeffer würzen und Crème fraîche und Parmesan unterrühren.
4. Nudeln abgießen und in die Pfanne geben.
5. Durchschwenken, eventuell nachwürzen und servieren.

Nährwertangaben pro Portion:

617kcal | 96g Kohlenhydrate | 16g Fett | 21g Protein

Gemüsecurry mit Tofu

2 Portionen – Zubereitungszeit: 20 Minuten
vegan

Zutaten:

- 125g Basmatireis
- 1 Möhre
- 200g Brokkoli
- 1 kleine Paprika (gelb)
- 1 kleine Zucchini
- 1 Schalotte
- 1 Stück frischer Ingwer (ca. daumengroß)
- 1-2 EL Rapsöl
- 150g Tofu
- 1 Dose Kokosmilch
- Salz und Pfeffer
- Currypulver

1. Reis nach Packungsanleitung zubereiten.
2. Schalotte und Ingwer schälen und fein hacken. Möhre und Zucchini schälen und in feine Würfel schneiden. Paprika waschen, trocknen und halbieren. Kerne und Strunk entfernen. Paprika in kleine Viertel schneiden. Brokkoli putzen, waschen, trocknen und in mundgerechte Stücke schneiden.
3. Rapsöl in einer beschichteten Pfanne erhitzen, Schalotte und Ingwer dazugeben und anbraten. Gemüse unter Rühren dazugeben und kurz mit braten lassen. Mit Kokosmilch aufgießen und auf kleiner Flamme rund 10 Minuten köcheln lassen. Falls das Curry zu dickflüssig wird, etwas Wasser dazu geben.
4. In der Zwischenzeit Tofu in mundgerechte Stücke schneiden und kurz in einer zweiten Pfanne mit etwas Rapsöl scharf anbraten.
5. Gemüsecurry mit Salz, Pfeffer und Curry würzen und die Tofuwürfel unterrühren. Zusammen mit dem Reis servieren.

Nährwertangaben pro Portion:

634kcal | 64g Kohlenhydrate | 33g Fett | 26g Protein

Sellerieschnitzel

2 Portionen – Zubereitungszeit: 20 Minuten

Zutaten:

- ½ Sellerieknolle
- 1 Ei
- 100g Semmelbrösel
- Rapsöl
- Salz und Pfeffer

1. Sellerie schälen und in Scheiben schneiden. Die Scheiben sollten rund daumendick sein.
2. Selleriescheiben rund 10 Minuten in Salzwasser kochen. Sie sollten noch bissfest und nicht zu weich sein.
3. In der Zwischenzeit Ei verquirlen und mit Salz und Pfeffer würzen. Panierstraße herrichten: 1 Teller mit dem verquirlten Ei, 1 Teller mit den Semmelbröseln.
4. Abgetropfte Selleriescheiben zuerst in das verquirlte Ei tunken und dann von beiden Seiten gut mit dem Paniermehl bedecken.
5. Panierte Selleriescheiben in einer beschichteten Pfanne in Rapsöl von beiden Seiten goldbraun braten.

Nährwertangaben pro Portion:

273kcal | 38g Kohlenhydrate | 9g Fett | 10g Protein

Vegetarischer Schmorgurkentopf

2 Portionen – Zubereitungszeit: 20 Minuten

Zutaten:

- 2 Salatgurken
- 1 Zwiebel
- 250ml Gemüsebrühe
- 1 Block Räuchertofu
- 1-2 EL Rapsöl
- ½ Becher Crème fraîche
- Salz und Pfeffer
- 1 EL Dill (TK)

1. Gurken schälen und in mundgerechte Bissen schneiden. Zwiebel schälen und fein hacken.
2. Rapsöl in einem Topf erhitzen, Zwiebel dazugeben und kurz anbraten. Gurkenwürfel dazugeben und kurz mit braten lassen.
3. Gemüsebrühe unter Rühren dazugeben. Auf kleiner Flamme rund 10 Minuten köcheln lassen.
4. In der Zwischenzeit Tofu in mundgerechte Bissen schneiden und mit etwas Rapsöl in einer Pfanne scharf anbraten und beiseitestellen.
5. Gurkentopf mit Salz und Pfeffer würzen. Crème fraîche und Dill unterrühren. Tofuwürfel dazu geben und servieren.

Nährwertangaben pro Portion:
328kcal | 26g Kohlenhydrate | 20g Fett | 15g Protein

Borschtsch ohne Fleisch

Russland

2 Portionen – Zubereitungszeit: 20 Minuten

Zutaten:

- 200g Weißkohl
- 1 Zwiebel
- 1 Knoblauchzehe
- 200g Rote Beete (gekocht)
- ½ Packung passierte Tomaten (250g)
- 200g Kartoffel
- 100g Räuchertofu
- 400ml Gemüsebrühe
- 1 EL Rapsöl
- 2 EL saure Sahne
- Salz, Pfeffer, Paprikapulver
- Essig und Agavendicksaft nach Geschmack

1. Weißkohl putzen und den harten Strunk entfernen. Weißkohl in grobe Streifen hobeln. Zwiebel und Knoblauch schälen und fein hacken. Kartoffeln schälen und in kleine Würfel schneiden.
2. Öl in einem Topf erhitzen. Zwiebeln und Knoblauch anbraten. Kohl und Kartoffeln unter Rühren dazugeben und kurz mit braten lassen. Passierte Tomaten dazugeben und mit Gemüsebrühe ablöschen. Auf kleiner Flamme knapp 15 Minuten köcheln lassen.
3. In der Zwischenzeit Tofu in mundgerechte Stücke schneiden. Rote Beete aus der Packung nehmen und in mundgerechte Stücke schneiden.
4. Kurz vor Ende der Garzeit Tofu und Rote Beete dazugeben und Borschtsch mit Salz, Pfeffer und Paprikapulver kräftig würzen. Für die süßsaure Note nach Geschmack Essig und Agavendicksaft dazu geben.
5. Jede Portion mit 1 EL saurer Sahne servieren.

Nährwertangaben pro Portion:

305kcal | 31g Kohlenhydrate | 12g Fett | 16g Protein

Tortilla

Spanien
2 Portionen – Zubereitungszeit: 20 Minuten

Zutaten:

- 6 mittelgroße Kartoffeln
- 1 Zwiebel
- 2 Knoblauchzehen
- 3-4 Eier
- 3 EL Olivenöl
- Salz und Pfeffer

1. Kartoffeln schälen und in sehr feine Würfel schneiden. Zwiebel und Knoblauch schälen und fein hacken.
2. Olivenöl in einer beschichteten Pfanne erhitzen. Kartoffeln, Zwiebeln und Knoblauch dazugeben und mit Salz und Pfeffer würzen. Auf mittlerer Hitze rund 15 Minuten braten lassen. Die Temperatur darf nicht zu hoch sein, damit die Kartoffeln nicht wie bei Bratkartoffeln eine braune Kruste bekommen. Für rund 5 Minuten der Bratzeit kann ein Deckel aufgelegt werden.
3. In der Zwischenzeit die Eier verquirlen und mit Salz und Pfeffer würzen.
4. Verquirlte Eier über die Kartoffeln geben und kurz stocken lassen. Tortilla wenden. Das geht so am besten: Tortilla auf einen großen Teller gleiten lassen und dann den Teller über der Pfanne schnell drehen und Tortilla wieder in die Pfanne gleiten lassen.
5. Die Tortilla schmeckt auch kalt.

Nährwertangaben pro Portion:
560kcal | 48g Kohlenhydrate | 32g Fett | 20g Protein

Pfannkuchen auf bretonische Art

Frankreich

2 Portionen – Zubereitungszeit: 20 Minuten

Zutaten:

- 130g Buchweizenmehl
- 20g Dinkelmehl
- 300ml lauwarmes Wasser
- 1 große Tomate
- 50g Gouda (gerieben)
- 1 Bund Schnittlauch
- etwas Rapsöl
- Salz und Pfeffer

1. Mehl in eine Schüssel geben und mit dem lauwarmen Wasser verrühren. Eine Prise Salz zu dem Teig geben. Der Teig sollte so beschaffen sein, dass er zähflüssig vom Quirl fällt. Eventuell Mehl oder Wasser zugeben, bis die richtige Konsistenz erreicht ist.
2. Tomate waschen, trocknen und in dünne Scheiben schneiden. Schnittlauch waschen trocken schütteln und in feine Röllchen schneiden.
3. Eine beschichtete Pfanne mit Öl auspinseln. Soviel Teig in die Pfanne geben, dass der Boden bedeckt ist. Kurz braten lassen, dann den Pfannkuchen wenden. Mit Tomatenscheiben, geriebenem Käse und Schnittlauchröllchen belegen und gleich servieren.
4. Nacheinander die Pfannkuchen braten, bis der Teig verbraucht ist.

Nährwertangaben pro Portion:

393kcal | 55g Kohlenhydrate | 13g Fett | 14g Protein

Zwiebelsuppe

2 Portionen – Zubereitungszeit: 20 Minuten

Zutaten:

- 500g Gemüsezwiebeln
- 500ml Gemüsebrühe
- 150ml Weißwein
- etwas Mehl
- circa 50g Gruyère
- 1 EL Rapsöl
- 2 Scheiben Toastbrot
- Salz, Pfeffer und Paprikapulver

1. Die Gemüsezwiebeln schälen und in mundgerechte Bissen schneiden.
2. Rapsöl in einem Topf erhitzen, Zwiebeln dazugeben und anbraten, bis sie glasig sind.
3. Unter Rühren mit dem Weißwein ablöschen. Wein weitgehend verkochen lassen, dann die Brühe dazugeben und auf kleiner Flamme rund 10 Minuten köcheln lassen.
4. In der Zwischenzeit die beiden Toastscheiben in den Toaster legen und hellbraun toasten. Auf einer Seite mit Käse und Paprikapulver bestreuen.
5. Fertige Suppe eventuell nachwürzen, in feuerfeste Schalen geben. Auf jede Schale eine Toastscheibe mit Käse legen und kurz unter den heißen Grill stellen, bis der Käse anfängt zu verlaufen.

Nährwertangaben pro Portion:

329kcal | 28g Kohlenhydrate | 14g Fett | 13g Protein

Gefüllte Tomaten

2 Portionen – Zubereitungszeit: 20 Minuten

Zutaten:

- 4 Fleischtomaten
- 1 Ei
- 100g Semmelbrösel
- 2 Knoblauchzehen
- 1 Bund glatte Petersilie
- 2-3 EL Olivenöl
- Salz und Pfeffer

1. Fleischtomaten waschen, trocknen, Deckel abschneiden, beiseitelegen und nicht benutzen. Mit einem kleinen Löffel das Tomatenfleisch aus den Tomaten holen. Wenn das Tomatenfleisch sehr fest sitzt, kann man auch mit einem Küchenmesser kleine Einschnitte machen. Das Tomatenfleisch und den Saft in eine Schüssel geben. Die Tomaten umgedreht auf einen Teller legen. Petersilie waschen, trocken schleudern und fein hacken. Knoblauch schälen und fein hacken.
2. Semmelbrösel mit Ei verrühren und so viel von dem aufgefangenen Tomatenfleisch und Tomatensaft dazugeben, dass ein klebriger, fester Teig entsteht. Eventuell Semmelbrösel oder Tomatenfleisch dazu geben falls der Teig zu nass oder zu trocken ist. Kräftig mit Salz und Pfeffer würzen und die gehackte Petersilie unterrühren.
3. Den Semmelbröselteig mit einem Löffel in die Tomaten füllen und gut festdrücken.

Fortsetzung dieses Rezepts auf der nächsten Seite

4. Olivenöl in einer beschichteten Pfanne erhitzen, die Tomaten in die Pfanne setzen und rund 10 Minuten auf mittlerer Hitze braten. Zuerst werden die Tomaten mit der Oberseite in die Pfanne gesetzt, solange bis die Füllung gut gebräunt ist. Dann Tomaten umdrehen, einen Deckel auf die Pfanne setzen und weiter braten.
5. Warm servieren. Dazu passt frisches Baguette. Die gefüllten Tomaten schmecken aber auch kalt gut.

Nährwertangaben pro Portion:
415kcal | 57g Kohlenhydrate | 24g Fett | 18g Protein

Spaghetti Carbonara ohne Speck

Italien
2 Portionen – Zubereitungszeit: 20 Minuten

Zutaten:

- 250g Spaghetti
- 1 kleine Zwiebel
- 100g Champignons
- 1 Ei
- 100g Frischkäse
- 75ml Milch
- circa 50g Parmesankäse (gerieben)
- 1 EL Olivenöl
- Salz und Pfeffer

1. Nudeln nach Packungsanleitung zubereiten.
2. In der Zwischenzeit Champignons putzen und in mundgerechte Stücke schneiden. Möglichst nicht waschen, sondern mit einem Tuch oder einem Pinsel säubern. Zwiebel schälen und fein hacken.
3. In einer Pfanne das Olivenöl erhitzen, Zwiebeln und Champignons darin bei mittlerer Hitze rund 5 Minuten braten.
4. In der Zwischenzeit das Ei verquirlen, Milch und Frischkäse dazu geben und gut verrühren.
5. Fertige Spaghetti abgießen, die Eimischung unter die Nudeln heben und das Ganze in die Pfanne zu den gebratenen Zwiebeln und Champignons geben. Durchrühren und kurz ziehen lassen, bis die gewünschte Konsistenz der Carbonara erreicht ist.

Nährwertangaben pro Portion:

773kcal | 100g Kohlenhydrate | 70g Fett | 59g Protein

Fleischlose Spaghetti Bolognese

2 Portionen – Zubereitungszeit: 20 Minuten
vegan

Zutaten:

- 250g Spaghetti
- 1 Möhre
- ½ kleine Zucchini
- 90g Sojahack
- 1 kleine Zwiebel
- 1 Knoblauchzehe
- gehackte Tomaten (½ Dose)
- 2 EL Olivenöl
- Salz, Pfeffer und Paprikapulver (süß)

1. Nudeln nach Packungsanleitung kochen.
2. In der Zwischenzeit Zwiebel und Knoblauch schälen und fein hacken. Möhre und Zucchini schälen und in feine Würfel schneiden.
3. Olivenöl in einer Pfanne erhitzen, Zwiebel und Knoblauch dazugeben und kurz anbraten. Möhre und Zucchini dazugeben. Das Sojahack unterrühren. Die Tomaten aus der Dose dazugeben, durchrühren und rund 10 Minuten köcheln lassen.
4. Nudeln abgießen. Soße mit Salz, Pfeffer und Paprika knackig würzen und mit den Nudeln vermengen.
5. Sofort servieren.

Nährwertangaben pro Portion:
659kcal | 95g Kohlenhydrate | 18g Fett | 27g Protein

Spinatrisotto

2 Portionen – Zubereitungszeit: 20 Minuten

Zutaten:

- 200g Spinat (TK)
- 150g Risottoreis
- 1 Zwiebel
- 1 Knoblauchzehe
- 50g Parmesan
- 1 EL Olivenöl
- 500ml Gemüsebrühe
- 50ml trockener Weißwein
- Salz, Pfeffer, Muskatnuss

1. Gemüsebrühe in einen Topf geben und auf kleiner Stufe erhitzen.
2. Zwiebel und Knoblauch schälen und fein hacken.
3. Olivenöl in einem Topf erhitzen, Zwiebeln und Knoblauch dazugeben und kurz anbraten. Spinat und den Risottoreis unter Rühren dazugeben. Mit Weißwein ablöschen. Weißwein unter Rühren verkochen lassen, dann Gemüsebrühe dazugeben, bis die Risottomasse bedeckt ist. In rund 15 Minuten immer wieder Gemüsebrühe unter Rühren zum Risotto geben, bis die gewünschte Konsistenz erreicht ist.
4. Risotto mit Salz, Pfeffer und Muskat würzen, den Parmesan unterrühren und servieren.

Nährwertangaben pro Portion:

503kcal | 60g Kohlenhydrate | 20g Fett | 16g Protein

Gnocchi-Pfanne

2 Portionen – Zubereitungszeit: 20 Minuten

Zutaten:

- 500g Gnocchi
- 1 kleiner Kohlrabi
- 250ml Gemüsebrühe
- Rucola (circa 2 Handvoll)
- 1 Schalotte
- 6 Kirschtomaten
- 1 EL Rapsöl
- Salz, Pfeffer, Paprikapulver

1. Kohlrabi schälen und in mundgerechte Stücke schneiden. Schalotte schälen und fein hacken.
2. Rapsöl in einem Topf erhitzen, Kohlrabi und Schalotte dazugeben und kurz anbraten.
   Mit der Gemüsebrühe ablöschen und auf kleiner Flamme rund 10 Minuten köcheln lassen bis der Kohlrabi gar, aber noch bissfest ist.
3. In der Zwischenzeit den Rucola putzen, waschen und trockenschleudern. Tomaten waschen, abtrocknen und halbieren.
4. Circa 3 Minuten vor Ende der Garzeit die Gnocchi dazugeben. Falls nötig mit etwas Wasser auffüllen, bis die gewünschte Konsistenz erreicht ist.
5. Mit Salz, Pfeffer und Paprikapulver kräftig würzen. Die halbierten Tomaten unterheben. Die Gnocchi-Pfanne mit den Rucola Blättern bestreuen und servieren.

Nährwertangaben pro Portion:

443kcal | 83g Kohlenhydrate | 7g Fett | 10g Protein

Kaiserschmarrn

Österreich

2 Portionen – Zubereitungszeit: 20 Minuten

Zutaten:

- 2 Eier
- 60g Mehl
- 2 EL Honig
- 150ml Milch
- 35ml Mineralwasser
- etwas Margarine
- eine Prise Salz

1. Eier verquirlen, nach und nach das Mehl und die Milch unterrühren. Honig dazugeben und zum Schluss das Mineralwasser und die Prise Salz unterrühren. Der Teig sollte die Konsistenz eines geschmeidigen Pfannkuchenteiges haben.
2. Margarine in einer beschichteten Pfanne erhitzen, den Teig in die Pfanne geben und rund 5 Minuten auf mittlerer Hitze braten. Dann wenden und die andere Seite goldbraun braten.
3. Kaiserschmarrn in mundgerechte Bissen zerreißen, noch etwas braten lassen und warm servieren.

Nährwertangaben pro Portion:

319kcal | 47g Kohlenhydrate | 8g Fett | 13g Protein

Vegetarisches Paprika Gulasch mit Bandnudeln

Ungarn
2 Portionen – Zubereitungszeit: 20 Minuten

Zutaten:

- 250g Bandnudeln
- 1 Zwiebel
- 1 Knoblauchzehe
- 1 Paprika (rot)
- 150g Räuchertofu
- 250ml Gemüsebrühe
- 1 TL Tomatenmark
- 1 EL Rapsöl
- etwas Mehl
- Salz, Pfeffer, Paprikapulver

1. Zwiebel und Knoblauch schälen und fein hacken. Paprika waschen trocknen, halbieren. Strunk und Kerne entfernen und Paprika in kleine Würfel schneiden. Räuchertofu in mundgerechte Würfel schneiden.
2. Rapsöl in einem Topf erhitzen, Paprika und Tofuwürfel scharf anbraten. Hitze reduzieren, Zwiebel und Knoblauch dazugeben. Alles braten bis die Zwiebeln glasig sind. Tomatenmark unterrühren und die Masse mit etwas Mehl bestäuben. Durchrühren und mit der Gemüsebrühe ablöschen. Auf kleiner Flamme rund 15 Minuten köcheln lassen.
3. In der Zwischenzeit Nudeln nach Packungsanleitung zubereiten.
4. Paprikagulasch mit Salz, Pfeffer und Paprikapulver würzen und zusammen mit den Nudeln servieren.

Nährwertangaben pro Portion:
380kcal | 42g Kohlenhydrate | 14g Fett | 22g Protein

Gebratenes Gemüse mit Kritharaki Nudeln

Griechenland
2 Portionen – Zubereitungszeit: 20 Minuten

Zutaten:

- 150g Kritharaki Nudeln (gibt es in jedem gut sortierten Supermarkt)
- 1 Zwiebel
- 1 Paprika
- 1 Selleriestange
- 250g passierte Tomaten (Dose)
- 250g Gemüsebrühe
- 2 EL Olivenöl
- 50g Feta
- Salz, Pfeffer, Paprikapulver

1. Paprika waschen trocknen, halbieren. Strunk und Kerne entfernen und Paprika in kleine Würfel schneiden. Selleriestange putzen, waschen, trockenschleudern und in mundgerechte Bissen schneiden. Zwiebel schälen und fein hacken.
2. Olivenöl in einem Topf erhitzen, Gemüse dazugeben und kurz anbraten. Nudeln unter rühren dazu geben. Passierte Tomaten dazugeben und alles und mit der Gemüsebrühe aufgießen. Feta in mundgerechte Bissen schneiden.
3. Nudeltopf auf kleiner Flamme rund 12 Minuten köcheln lassen, bis die Nudeln gar, aber noch bissfest sind. Dabei öfter umrühren, damit nichts anbrennt. Eventuell Wasser nachgießen, falls der Nudeltopf zu dickflüssig wird.
4. Mit Salz, Pfeffer und Paprikapulver würzen und zusammen mit dem Feta servieren.

Nährwertangaben pro Portion:

545kcal | 71g Kohlenhydrate | 21g Fett | 17g Protein

Gemüsepfanne mit Ei

Türkei

2 Portionen – Zubereitungszeit: 20 Minuten

Zutaten:

- 2 Spitzpaprika (grün)
- 1 Fleischtomate
- 1 Schalotte
- 2-3 Eier
- ½ Bund Petersilie
- Salz und Pfeffer

1. Tomate am Stielansatz kreuzweise einritzen und mit kochendem Wasser übergießen. Haut abziehen und Tomatenfleisch grob würfeln.
2. Paprika waschen trocknen, halbieren. Strunk und Kerne entfernen und Paprika in kleine Würfel schneiden. Zwiebel schälen und fein hacken. Petersilie waschen, trockenschleudern und fein hacken.
3. Olivenöl in einer Pfanne erhitzen. Zwiebeln darin anbraten, Paprika dazugeben und mit braten lassen. Tomaten unter Rühren dazugeben und alles köcheln lassen, bis die Tomatenflüssigkeit verkocht ist.
4. Kleine Mulden für die Eier vorbereiten und die Eier in der Gemüsemasse stocken lassen. Dabei Deckel auf die Pfanne setzen.
5. Mit Salz und Pfeffer würzen und mit der gehackten Petersilie bestreut servieren. Dazu passt Fladenbrot.

Nährwertangaben pro Portion:

164kcal | 22g Kohlenhydrate | 8g Fett | 11g Protein

Vegetarischer Burger

USA

2 Portionen – Zubereitungszeit: 20 Minuten

Zutaten:

- 2 Hamburger Brötchen
- 2 vegetarische Patties
- 1 Römersalat Herz
- ½ Gemüsezwiebel (klein)
- 1 Fleischtomate
- 1 EL Rapsöl
- circa 4 EL Mayonnaise und Ketchup

1. Salat putzen, waschen, trockenschleudern und die Blätter vom Strunk lösen. Tomate waschen, trocknen und in Scheiben schneiden. Zwiebel schälen und in ganz dünne Ringe schneiden.
2. Eine beschichtete Pfanne erhitzen. Darin die aufgeschnittenen Hamburger Brötchen ohne Fett auf der Schnittfläche leicht rösten. Aus der Pfanne nehmen und auf Teller legen.
3. Öl in die Pfanne geben, darin die Patties von beiden Seiten rund 3-4 Minuten braten bis sie gut gebräunt sind.
4. Je eine Brötchenhälfte mit Mayonnaise bestreichen, Salatblätter darauf legen. Pattie auf den Salat legen. Tomatenscheiben und Zwiebelringe auf den Pattie legen. Ketchup darüber geben. Mit der zweiten Brötchenhälfte bedecken und servieren.

Nährwertangaben pro Portion:

673kcal | 62g Kohlenhydrate | 40g Fett | 14g Protein

Vegetarisches Chili

Mexiko
2 Portionen – Zubereitungszeit: 20 Minuten
vegan

Zutaten:

- 1 Dose Kidneybohnen mit Mais (rund 150g Abtropfgewicht)
- ½ Dose Tomaten (gehackt)
- 250ml Gemüsebrühe
- 1 Knoblauchzehe
- 1 EL Olivenöl
- Saft von einer ½ Limette
- Wasser nach Bedarf
- etwas Kreuzkümmel nach Geschmack
- Salz, Pfeffer, Paprikapulver

1. Knoblauch schälen und fein hacken. Kidneybohnen und Mais abgießen und kurz mit kaltem Wasser abspülen.
2. Olivenöl in einem Topf erhitzen, Knoblauch und Kreuzkümmel dazugeben und kurz anbraten. Kidneybohnen, Mais und Tomaten dazugeben und gut durchrühren. Auf kleiner Flamme rund 15 Minuten köcheln lassen.
3. In der Zwischenzeit die Limette halbieren und den Saft einer Hälfte abmessen.
4. Chili mit Salz, Pfeffer, Paprika und dem Saft der halben Limette würzen und servieren.

Nährwertangaben pro Portion:
151kcal | 13g Kohlenhydrate | 8g Fett | 6g Protein

Burritos mit Tofu

2 Portionen – Zubereitungszeit: 20 Minuten

Zutaten:

- 2 Maisfladen
- 1 Möhre
- ½ Salatgurke
- 1 Zwiebel (rot)
- 1 Paprika (rot)
- 50g Tofu
- etwas Mayonnaise
- etwas Rapsöl
- Salz und Pfeffer

1. Tofu in 4 längliche Scheiben schneiden. Gurke schälen und mit dem Gurkenhobel in dünne Scheiben schneiden. Paprika waschen, trocknen und halbieren. Kerne und Strunk entfernen. Paprika in sehr dünne Scheiben schneiden. Karotte und Zwiebel schälen und fein reiben.
2. Rapsöl in einem Topf erhitzen und Tofu darin anbraten, bis er leicht gebräunt ist. Mit Salz und Pfeffer würzen.
3. Maisfladen mit der Mayonnaise bestreichen. Das Gemüse auf den Maisfladen verteilen und mit Salz und Pfeffer würzen. Tofu dazulegen und die Maisfladen zu einem Burrito zusammenrollen und servieren.

Nährwertangaben pro Portion:
331kcal | 46g Kohlenhydrate | 11g Fett | 13g Protein

Pak Choi mit Pilzen und Reis

China
2 Portionen – Zubereitungszeit: 20 Minuten
vegan

Zutaten:

- 200g Basmatireis
- 2 Mini Pak Chois
- 50g braune Champignons
- 1 EL Rapsöl
- 1 Knoblauchzehe
- 150ml Gemüsebrühe
- Sojasoße nach Geschmack
- Salz und Pfeffer

1. Reis nach Packungsanleitung kochen.
2. In der Zwischenzeit Pak Choi putzen, waschen, trocken schütteln und in mundgerechte Bissen schneiden. Champignons putzen und in feine Scheiben schneiden. Pilze möglichst nicht waschen, sondern mit einem Tuch abreiben oder mit einem Pinsel säubern. Knoblauchzehe schälen und fein hacken.
3. Öl in einem Topf erhitzen. Knoblauch dazu geben und anbraten. Pilze und Pak Choi unter Rühren dazugeben und kurz mit braten lassen. Mit der Gemüsebrühe aufgießen und auf kleiner Flamme rund 10 Minuten köcheln lassen.
4. Mit Sojasoße, Salz und Pfeffer würzen und mit dem Reis servieren.

Nährwertangaben pro Portion:
404kcal | 274g Kohlenhydrate | 78g Fett | 10g Protein

Chinesische Nudeln mit Gemüse

2 Portionen – Zubereitungszeit: 20 Minuten

Zutaten:

- 200g chinesische Nudeln
- 1 Möhre
- 100g Champignons
- 1 Stange Porree
- 2 Knoblauchzehen
- etwas Rapsöl
- 1 Stück Ingwer frisch (circa daumengroß)
- 120ml Gemüsebrühe
- Sojasoße nach Geschmack
- Salz und Pfeffer

1. Nudeln nach Packungsanleitung zubereiten. Chinesische Nudeln gibt es in jedem gut sortierten Supermarkt.
2. In der Zwischenzeit Knoblauch schälen und fein hacken. Möhre schälen und raspeln. Porreestange putzen, waschen, trocknen und in feine Ringe schneiden. Champignons putzen und in feine Scheiben schneiden. Pilze möglichst nicht waschen, sondern mit einem Tuch abreiben oder mit einem Pinsel säubern. Ingwer schälen und fein hacken.
3. Rapsöl in einer Pfanne erhitzen, Knoblauch und Ingwer darin scharf anbraten. Gemüse unter Rühren dazugeben und kurz mit braten lassen. Gemüsebrühe dazugeben und auf kleiner Flamme köcheln lassen, bis das Gemüse gar ist aber noch Biss hat.
4. Die Nudeln abgießen und zu dem Gemüse in die Pfanne geben. Durchschwenken und mit Salz, Pfeffer und Sojasoße würzen.

Nährwertangaben pro Portion:

449kcal | 79g Kohlenhydrate | 7g Fett | 15g Protein

Scharfer vietnamesischer Tofu

Vietnam
2 Portionen – Zubereitungszeit: 20 Minuten
vegan

Zutaten:

- 350g Tofu
- 1 rote Chili
- 2 Knoblauchzehen
- 2 Lauchzwiebeln
- 4 mittelgroße Tomaten
- Rapsöl nach Bedarf
- Sojasoße nach Geschmack
- Salz und Pfeffer

1. Tofu in mundgerechte Würfel schneiden. Knoblauchzehen schälen und fein hacken. Chili waschen, trocknen und fein hacken. Lauchzwiebeln putzen, waschen, trocken schütteln und in feine Ringe schneiden. Tomaten waschen, trocknen und in mundgerechte Stücke schneiden.
2. Tofu in genügend Rapsöl goldbraun braten, aus der Pfanne nehmen und beiseitestellen.
3. Knoblauch, Chili und Lauchzwiebeln in die Pfanne geben und anbraten. Tomaten dazugeben. Deckel auf die Pfanne setzen und alles rund 10 Minuten auf kleiner Flamme köcheln lassen.
4. Mit Sojasoße, Salz und Pfeffer würzen.
5. Tofu unterrühren und noch einmal kurz mit braten lassen. Dann servieren.

Nährwertangaben pro Portion:
269kcal | 4g Kohlenhydrate | 19g Fett | 29g Protein

Süßsaures Gemüse auf Reis

Thailand
2 Portionen – Zubereitungszeit: 20 Minuten
vegan

Zutaten:

- 200g Basmatireis
- 1 kleine Zwiebel
- 1 Paprika (rot)
- 150g Austernpilze
- 150g Ananas-Stücke (Dose)
- 1 EL Rapsöl
- 1 EL Weinessig (mild)
- etwas Agavendicksaft nach Geschmack
- Salz und Pfeffer

1. Reis nach Packungsanleitung zubereiten.
2. Zwiebel schälen und fein hacken. Pilze säubern – am besten mit einem Pilzpinsel oder einem Küchentuch. Nicht waschen und in mundgerechte Bissen schneiden. Paprika waschen, trocknen und halbieren. Kerne und Strunk entfernen. Paprika in kleine Viertel schneiden.
3. Öl in einer Pfanne erhitzen. Zwiebel dazugeben und braten, bis die Zwiebel glasig ist. Paprika und Austernpilze unter Rühren dazugeben. Falls nötig, etwas Wasser zugeben.
4. Nach rund 10 Minuten Garzeit die abgetropften Ananas-Stücke unterrühren. Den Gemüsetopf pikant mit Salz, Pfeffer, Essig und Agavendicksaft würzen und zusammen mit dem Reis servieren.

Nährwertangaben pro Portion:

481kcal | 93g Kohlenhydrate | 5g Fett | 13g Protein

Tofu-Glasnudel Salat

2 Portionen – Zubereitungszeit: 20 Minuten

Zutaten:

- 125g Tofu
- 100g Glasnudeln
- 1 Knoblauchzehe
- 2 Möhren
- 2 Lauchzwiebeln
- 1 Mango
- 2 EL Rapsöl
- 1 Limette
- etwas frischen Ingwer
- Salz und Pfeffer

1. Glasnudeln mit kochendem Wasser übergießen und rund 5 Minuten quellen lassen.
2. Möhren schälen und raspeln. Lauchzwiebel putzen, waschen, trocknen und in feine Ringe schneiden. Mango schälen und in mundgerechte Bissen schneiden. Ingwer und Knoblauch schälen und sehr fein hacken. Tofu abtrocknen und in mundgerechte Würfel schneiden. Limette halbieren und auspressen.
3. Einen EL Öl in die Pfanne geben und Tofu darin rund 3 Minuten braten, bis er gut angebräunt ist. Ingwer und Knoblauch dazu geben und unter Rühren kurz mit braten.
4. Glasnudeln abgießen. Mit dem gebratenen Tofu vermischen. Möhren und Lauchzwiebeln dazu geben. Aus dem restlichen Öl, Limettensaft und Salz und Pfeffer ein Dressing herstellen und mit dem Salat vermischen.
5. Das Dressing kann auch separat verpackt werden und erst zum Essen mit dem Salat vermischt werden.

Nährwertangaben pro Portion:

355kcal | 40g Kohlenhydrate | 15g Fett | 14g Protein

Linsensalat mit Dip

2 Portionen – Zubereitungszeit: 20 Minuten

Zutaten:

- 80g Linsen (rot)
- 1 große Tomate
- 1 Schalotte
- ½ Knoblauchzehe
- 250ml Gemüsebrühe
- 2 EL Olivenöl
- etwas frischen Zitronensaft
- 200g Quark
- 2 TL gemischte Kräuter (TK)
- Salz und Pfeffer

1. Linsen in der Gemüsebrühe in rund 10 Minuten gar kochen. Sie sollten aber noch bissfest sein.
2. In der Zwischenzeit Schalotte und Knoblauch schälen und fein hacken. Tomate waschen, trocknen und in kleine Viertel schneiden. Zitrone halbieren und nur eine Hälfte auspressen.
3. Den Quark mit den TK Kräutern gut verrühren und nach Geschmack mit Salz und Pfeffer würzen.
4. Aus Olivenöl, etwas Zitronensaft, Schalotte, Knoblauch Salz und Pfeffer ein würziges Dressing herstellen.
5. Die abgegossenen Linsen mit den Tomaten vermischen und das Dressing unterrühren.
6. Zusammen mit dem Kräuterquark genießen.

Nährwertangaben pro Portion:

333kcal | 23g Kohlenhydrate | 15g Fett | 24g Protein

Pikante Sojanudeln

2 Portionen – Zubereitungszeit: 20 Minuten
vegan

Zutaten:

- 250g Sojanudeln
- 100g Möhren
- 2 Lauchzwiebeln
- 1 Kohlrabi (klein)
- etwas Sojasoße
- etwas Limettensaft
- 6 EL Erdnussmus
- Salz und Pfeffer

1. Möhren schälen und raspeln. Lauchzwiebeln putzen, waschen, trocknen und in feine Ringe schneiden. Kohlrabi schälen und raspeln oder in sehr feine Bissen schneiden. Limette halbieren, nur eine Hälfte ausdrücken.
2. Nudeln nach Packungsanleitung in rund 5 Minuten gar kochen, sie sollten aber noch Biss haben.
3. Aus Erdnussmus, Limettensaft, Salz und Pfeffer ein kräftiges Dressing herstellen. Nach Geschmack mit Sojasoße würzen.
4. Nudeln mit dem Gemüse mischen und das Dressing unterrühren.
5. Nudeln, Gemüse und Dressing können in verschiedenen Behältern aufbewahrt und erst kurz vor Gebrauch gemischt werden.

Nährwertangaben pro Portion:
472kcal | 13g Kohlenhydrate | 20g Fett | 41g Protein

Süßkartoffeln auf Pumpernickel

2 Portionen – Zubereitungszeit: 20 Minuten

Zutaten:

- 4 Scheiben Pumpernickel
- 1 Süßkartoffel (klein)
- etwas Feldsalat
- 1 gekochte Rote Beete aus dem Glas
- 100g Frischkäse
- 2 EL Rapsöl
- etwas Honig
- etwas Rosmarin (frisch)
- Salz und Pfeffer

1. Backofen auf 190 Grad vorheizen.
2. Süßkartoffel schälen und in Scheiben schneiden. Die Scheiben sollten circa 1 cm dick sein. Kartoffelscheiben mit Salz und Pfeffer würzen und mit Öl einpinseln. Auf ein mit Backpapier ausgelegtes Backblech legen und rund 15 Minuten backen, bis sie gut gebräunt sind.
3. In der Zwischenzeit Rosmarin waschen, trocknen und fein hacken. Frischkäse mit Honig und Rosmarin verrühren und mit Salz und Pfeffer würzen. Feldsalat verlesen, waschen und trockenschleudern. Rote Beete in dünne Scheiben schneiden.
4. Die 4 Scheiben Pumpernickel mit der Frischkäsecreme bestreichen. 2 Pumpernickelscheiben mit Süßkartoffeln und Rote Beete belegen. Etwas Frischkäsecreme darüber verteilen. Feldsalat darüber streuen. Je eine belegte Scheibe mit einer unbelegten Scheibe Pumpernickel bedecken und fest zusammendrücken.

Nährwertangaben pro Portion:

432kcal | 53g Kohlenhydrate | 19g Fett | 14g Protein

Süßsaure Nudeln mit Tofu

2 Portionen – Zubereitungszeit: 20 Minuten

Zutaten:

- 200g Spaghetti (Vollkorn)
- 200g Tofu
- ½ Knoblauchzehe
- etwas frischer Ingwer (daumengroß)
- 1 TL Kokosöl
- 1 TL Sesamöl
- etwas Sojasoße
- etwas Agavendicksaft
- 2 EL Erdnussmus
- Saft ½ Zitrone
- Salz und Pfeffer

1. Knoblauch und Ingwer schälen und fein hacken. Tofu abtrocknen und in mundgerechte Würfel schneiden. Zitrone halbieren und eine Hälfte ausdrücken.
2. Spaghetti nach Packungsanleitung kochen.
3. In der Zwischenzeit aus Knoblauch, Ingwer, Sojasoße, Zitronensaft, Agavendicksaft, Salz, Pfeffer und Sesamöl eine Marinade herstellen. Die Tofuwürfel mit der Marinade vermischen.
4. Erdnussmus mit Zitrone, Salz, Pfeffer und Wasser zu einer geschmeidigen Soße verrühren.
5. Kokosöl in einer beschichteten Pfanne erhitzen. Tofuwürfel mit Marinade darin rund 5 Minuten braten.
6. Abgegossene Spaghetti in die Pfanne zu den Tofuwürfeln geben und gut durch schwenken. Eventuell nachwürzen und mit der Erdnusssoße servieren.
7. Nudeln, Tofuwürfel und Erdnusssoße können in getrennten Behältern verpackt und im Büro in der Mikrowelle erhitzt werden.

Nährwertangaben pro Portion:

618kcal | 67g Kohlenhydrate | 25g Fett | 34g Protein

Kichererbsencurry mit Kokosmilch

2 Portionen – Zubereitungszeit: 20 Minuten
vegan

Zutaten:

- 300g Kichererbsen (Dose)
- 4 Frühlingszwiebeln
- 100g Naturreis
- 1 Zwiebel
- 125ml Kokosmilch
- 1 EL Rapsöl
- 250ml Gemüsebrühe
- Salz und Pfeffer
- Currypulver (mild)

1. Zwiebel schälen und fein hacken. Frühlingszwiebeln putzen, waschen, trocknen und in feine Ringe schneiden.
2. Reis nach Packungsanleitung zubereiten.
3. In der Zwischenzeit Öl in einer beschichteten Pfanne erhitzen. Zwiebeln darin anbraten, bis sie glasig sind. Kichererbsen abgießen, kurz mit kaltem Wasser spülen, abtropfen lassen und in die Pfanne geben. Mit der Gemüsebrühe ablöschen. Kokosmilch unterrühren und alles mit Salz, Pfeffer und Curry pikant würzen.
4. Das Kichererbsencurry etwas einkochen lassen. Kurz vor Ende der Garzeit die Frühlingszwiebeln darüber streuen.
5. Reis und Kichererbsencurry vermischen und genießen.

Nährwertangaben pro Portion:
480kcal | 57g Kohlenhydrate | 20g Fett | 13g Protein

Bunte Gemüserollen mit Dip

2 Portionen – Zubereitungszeit: 20 Minuten
vegan

Zutaten:

- 150g Räuchertofu
- 10 Blatt Reispapier
- 250g Gemüsemix (Radieschen, Gurke, Möhren, Blattsalate etc.)
- 2 EL Erdnussmus
- Saft ½ Zitrone
- Salz und Pfeffer

1. Gemüse putzen, waschen und trocknen. In dünne Scheiben schneiden. Tofu abtrocknen und in feine Scheiben schneiden.
2. Reispapier in einer Schüssel mit warmem Wasser einweichen.
3. Reispapierscheiben abtrocknen auslegen. Mit Gemüse und Tofuscheiben belegen und mit Salz und Pfeffer würzen. Reispapierblätter an den Seiten einschlagen, dann einrollen. Zitrone halbieren und eine Hälfte auspressen.
4. Für den Dip Erdnussmus mit Zitrone, Salz, Pfeffer und Wasser zu einer geschmeidigen Soße verrühren.

Nährwertangaben pro Portion:
422kcal | 44g Kohlenhydrate | 15g Fett | 24g Protein

Geschichteter Salat

2 Portionen – Zubereitungszeit: 20 Minuten

Zutaten:

- 50g Couscous
- 1 kleine Möhre
- 50g Erbsen
- 100ml Orangensaft
- 1 Scheibe Vollkornbrot
- 2 EL Olivenöl
- etwas Essig (mild)
- etwas Agavendicksaft
- Salz und Pfeffer

1. Orangensaft in einem Topf zum Kochen bringen, Couscous dazu geben, umrühren. Vom Herd nehmen und bei geschlossenem Topf ausquellen lassen. Mit Salz und Pfeffer würzen. Eventuell mit Agavendicksaft süßen.
2. Möhre schälen und in dünne Streifen schneiden. Erbsen kurz blanchieren. Danach sofort mit kaltem Wasser abschrecken. Brot in mundgerechte Würfel schneiden.
3. Einen EL Olivenöl in einer beschichteten Pfanne erhitzen. Brotwürfel darin goldbraun rösten.
4. Abgekühlten Couscous abwechselnd mit den Brotwürfeln und dem Gemüse in Gläser schichten.

   Aus dem restlichen Olivenöl, Essig, Agavendicksaft, Pfeffer und Salz eine Vinaigrette rühren und über den Salat tröpfeln.
5. Salat und Vinaigrette können in getrennten Behältern aufbewahrt und erst vor dem Servieren gemischt werden.

Nährwertangaben pro Portion:

323kcal | 37g Kohlenhydrate | 15g Fett | 7g Protein

One Pot mit Kichererbsen

2 Portionen – Zubereitungszeit: 20 Minuten
vegan

Zutaten:

- 250g Kichererbsen (Dose)
- 4 kleine Möhren
- 2 Frühlingszwiebeln
- 200g Sojahack
- ½ Dose Kokosmilch
- 1 EL Rapsöl
- 1 EL Tomatenmark
- Salz und Pfeffer

1. Möhre schälen und in kleine Viertel schneiden. Frühlingszwiebeln putzen, waschen, trocknen und in feine Ringe schneiden.
2. Rapsöl in einem Topf erhitzen, Sojahack und Gemüse dazugeben und kurz anbraten. Unter Rühren das Tomatenmark dazugeben. Mit der Kokosmilch ablöschen und auf kleiner Flamme rund 5 Minuten köcheln lassen.
3. Kichererbsen abgießen und kurz unter kaltem Wasser abspülen. Abtropfen lassen und in den Topf geben. Rund 5 Minuten mit köcheln lassen. Eventuell Wasser oder Kokosmilch nachgießen, bis die gewünschte Konsistenz erreicht ist. Kichererbsentopf mit Salz und Pfeffer würzen und genießen.

Nährwertangaben pro Portion:
484kcal | 40g Kohlenhydrate | 22g Fett | 28g Protein

Bohnen mit Sojanudeln

2 Portionen – Zubereitungszeit: 20 Minuten
vegan

Zutaten:

- 250g grüne Bohnen (frisch)
- 250g Sojanudeln
- 2 EL Olivenöl
- 10 Oliven (schwarz, entsteint)
- 10 Cocktailtomaten
- Salz und Pfeffer

1. Sojanudeln nach Packungsanleitung zubereiten. Abgießen. In eine Schüssel geben und mit etwas Olivenöl vermischen.
2. Bohnen verlesen, putzen und in mundgerechte Stücke schneiden. In kochendem Wasser rund 5 Minuten kochen. Dann mit kaltem Wasser abschrecken. Abtropfen lassen.
3. Tomaten waschen, trocknen und halbieren. Oliven halbieren.
4. In einer Pfanne etwas Olivenöl erhitzen. Sojanudeln und Bohnen dazugeben und kurz durch schwenken. Mit Salz und Pfeffer würzen. Tomaten und Oliven untermischen.

Nährwertangaben pro Portion:
434kcal | 9g Kohlenhydrate | 21g Fett | 34g Protein

Pikante Reis Bowl

2 Portionen – Zubereitungszeit: 20 Minuten
vegan

Zutaten:

- 100g Reis
- 250g Kichererbsen (gekocht)
- ½ Packung Rucola
- 1 Bund Radieschen
- 1 Apfel
- 3 Möhren
- ½ Bund Petersilie
- 3 EL Erdnussmus
- ½ Zitrone (Saft)
- Salz und Pfeffer

1. Reis nach Packungsanleitung zubereiten.
2. In der Zwischenzeit Rucola verlesen, waschen und trocken schütteln. In mundgerechte Bissen rupfen. Radieschen waschen, trocknen und in dünne Scheiben schneiden. Möhren schälen und raspeln. Apfel waschen, trocknen und in mundgerechte Bissen schneiden. Petersilie waschen, trocken schütteln und fein hacken. Zitrone halbieren und nur eine Hälfte auspressen. Kichererbsen abgießen und kurz mit kaltem Wasser abspülen.
3. Erdnussmus mit Zitronensaft und Petersilie verrühren. Nach Geschmack mit Salz und Pfeffer würzen,
4. Reis mit dem Gemüse und dem Apfel in einer Bowl anrichten und mit der Erdnusssoße beträufeln.
5. Reis, Gemüse und Soße können in getrennten Behältern transportiert und erst vor Verzehr vermischt werden.

Nährwertangaben pro Portion:
404kcal | 46g Kohlenhydrate | 14g Fett | 16g Protein

Avocado Spinat Sandwich

2 Portionen – Zubereitungszeit: 20 Minuten

Zutaten:

- 2 kleine, reife Avocado
- zwei Handvoll frischen Spinat
- 4 Scheiben Vollkornbrot
- 20g frische Sprossen nach Geschmack
- ½ Zitrone (Saft)
- 1 kleine Knoblauchzehe
- 1-2 EL Olivenöl
- etwas Frischkäse
- Salz und Pfeffer

1. Knoblauch schälen und fein hacken. Zitrone halbieren und nur eine Hälfte auspressen. Spinat verlesen, waschen und trocken schütteln.
2. Avocados halbieren, den Kern entfernen. Avocadofleisch mit einem Löffel aus der Frucht holen und in einer Schüssel zerdrücken. Knoblauch und Zitronensaft unterrühren. Mit Salz und Pfeffer pikant abschmecken.
3. Olivenöl in eine beschichtete Pfanne geben. Brotscheiben darin von beiden Seiten kurz rösten.
4. Frischkäse auf 2 Brotscheiben streichen. Avocadomus darauf verteilen. Sprossen und Spinat darüber streuen. Jede belegte Brotscheibe mit einer zweiten Brotscheibe bedecken.

Nährwertangaben pro Portion:

503kcal | 53g Kohlenhydrate | 28g Fett | 9g Protein

Bohnensalat mit Reis und Birne

2 Portionen – Zubereitungszeit: 20 Minuten
vegan

Zutaten:

- 200g Reis
- 250g Bohnen
- 1 Birne
- 4 EL Gemüsebrühe
- 3 EL Olivenöl
- etwas milder Essig
- Salz und Pfeffer

1. Bohnen verlesen, waschen, trocknen und in sehr kleine Stücke schneiden. (Länge 1-2 cm)
2. Reis nach Packungsanleitung zubereiten. Rund 8 Minuten vor Ende der Garzeit die Bohnen dazu geben und mit köcheln lassen.
3. Birne schälen, Kerne und Kerngehäuse entfernen. Birnenfleisch in mundgerechte Stücke schneiden.
4. Aus Olivenöl, Essig, Gemüsebrühe, Salz und Pfeffer ein kräftiges Dressing herstellen.
5. Reis Bohnen Mischung abgießen, abtropfen lassen und in eine Schüssel geben und etwas abkühlen lassen.
6. Bohnen Reis Mischung mit der Birne vermischen und mit dem Dressing beträufeln.
7. Bohnen Reis Mischung, Birne und Dressing können extra verpackt und erst vor dem Verzehr vermischt werden.

Nährwertangaben pro Portion:
391kcal | 40g Kohlenhydrate | 21g Fett | 10g Protein

Knuspriger Brokkoli Salat

2 Portionen – Zubereitungszeit: 20 Minuten

Zutaten:

- 100g Brokkoli
- 1 Pfirsich
- 1 Schalotte
- ½ kleine Salatgurke
- 1 Römersalat Herz
- 4 Cocktailtomaten
- 3-4 EL Erdnüsse
- 100ml Buttermilch
- 1 EL Erdnussmus
- ½ Zitrone (Saft)
- Agavendicksaft nach Geschmack
- Salz und Pfeffer

1. Salat verlesen, waschen, trocken schütteln und in mundgerechte Bissen rupfen. Brokkoli putzen, waschen und trocknen. Brokkoli grob hacken. Pfirsich halbieren, Kern entfernen und Pfirsichfleisch in mundgerechte Bissen schneiden. Schalotte schälen, halbieren und in feine Scheiben schneiden. Gurke schälen, halbieren und in Scheiben schneiden. Tomaten waschen und trocknen. Zitrone halbieren und nur eine Hälfte auspressen. Erdnüsse grob hacken.
2. Aus Buttermilch, Zitronensaft, Erdnussmus, Agavendicksaft, Salz und Pfeffer ein herzhaftes Dressing herstellen.
3. Gemüse vermischen. Mit dem Dressing beträufeln und mit den gehackten Nüssen bestreuen.
4. Gemüse, Nüsse und Dressing können extra verpackt und erst kurz vor dem Essen vermischt werden.

Nährwertangaben pro Portion:

322kcal | 22g Kohlenhydrate | 19g Fett | 15g Protein

Nudelsalat à la Italia

2 Portionen – Zubereitungszeit: 20 Minuten

Zutaten:

- 1 kleine Zucchini
- ½ Aubergine
- 4 Cocktailtomaten
- 50g Feta
- 20 schwarze Oliven (entsteint)
- etwas frisches Basilikum
- 200g Spaghetti
- 3 EL Olivenöl
- etwas milder Essig
- Salz und Pfeffer

1. Nudeln nach Packungsanleitung zubereiten.
2. In der Zwischenzeit Aubergine und Zucchini waschen, trocknen und in kleine Würfel schneiden. Cocktailtomaten waschen, trocknen und halbieren.
3. Einen EL Olivenöl in einer beschichteten Pfanne erhitzen, Zucchini und Aubergine dazugeben und rund 10 Minuten braten.
4. Aus dem restlichen Olivenöl, Essig, Salz und Pfeffer eine kräftige Vinaigrette herstellen.
5. Nudeln abgießen, mit Zucchini und Auberginen vermischen. Oliven und Tomaten unterheben. Feta zerbröseln und über den Salat geben. Mit der Vinaigrette beträufeln.
6. Nudeln, Gemüse, Feta und Vinaigrette können in getrennten Behältern transportiert und erst kurz vor Verzehr vermischt werden.

Nährwertangaben pro Portion:

684kcal | 79g Kohlenhydrate | 34g Fett | 21g Protein

Nasi Goreng

2 Portionen – Zubereitungszeit: 20 Minuten
vegan

Zutaten:

- 200g Tofu
- 200g Basmatireis
- 300g Möhren
- 2 Knoblauchzehen
- frischer Ingwer (daumengroß)
- 1 Limette
- etwas Sesamöl
- ½ Kopf Brokkoli
- 1 Paprika (rot)
- 2 Frühlingszwiebeln
- 1 EL Rapsöl
- Sojasoße nach Geschmack
- Sambal Oelek nach Geschmack
- Salz und Pfeffer

1. Tofu trocknen und in mundgerechte Würfel schneiden. Knoblauch und Ingwer schälen und fein hacken. Limette halbieren und ausdrücken.
2. Reis nach Packungsanleitung zubereiten.
3. In der Zwischenzeit Sojasoße mit der Hälfte von Knoblauch und Ingwer vermischen. Limettensaft unterrühren und sehr pikant mit Salz, Pfeffer, Sesamöl und Sambal Oelek vermischen. Tofuwürfel in die Marinade geben.
4. Paprika waschen, trocknen und halbieren. Strunk und Kerne entfernen. Paprikafleisch in kleine Würfel schneiden. Brokkoli putzen, waschen, trocknen und grob hacken. Frühlingszwiebeln waschen, trocknen und in feine Ringe schneiden.
5. Rapsöl in einer beschichteten Pfanne erhitzen, marinierte Tofuwürfel darin scharf anbraten und auf kleiner Flamme kurz weiter braten, bis sie gar sind. Tofu aus der Pfanne nehmen und Gemüse in die Pfanne geben. Auf mittlerer Hitze ein paar Minuten braten bis es gar, aber noch bissfest ist.

Fortsetzung dieses Rezeptes auf der folgenden Seite

6. Gebratenes Gemüse mit dem Reis vermischen. Die Tofuwürfel unterheben und servieren.
7. Im Büro kann das Gericht wieder erhitzt werden.

Nährwertangaben pro Portion:
634kcal | 93g Kohlenhydrate | 14g Fett | 30g Protein

Nudelsalat mit süßsaurem Gemüse

2 Portionen – Zubereitungszeit: 20 Minuten

Zutaten:

- 2 Tomaten
- ½ Gurke
- 1 Zwiebel (rot)
- 200g Nudeln
- 8 EL Olivenöl
- 3 EL milder Essig
- Agavendicksaft
- Salz und Pfeffer

1. Tomaten waschen, trocknen und in mundgerechte Stücke schneiden. Gurke schälen, halbieren und in Scheiben schneiden. Zwiebel schälen, halbieren und in feine Scheiben schneiden.
2. Aus Olivenöl, Essig, Agavendicksaft, Pfeffer und Salz eine kräftige Vinaigrette herstellen. Das Gemüse darin marinieren.
3. Nudeln nach Packungsanleitung zubereiten.
4. Nudeln abgießen, kurz unter kaltem Wasser abspülen und mit dem marinierten Gemüse vermischen.
5. Eventuell nachwürzen und gleich servieren oder für den Transport einpacken.

Nährwertangaben pro Portion:
894kcal | 86g Kohlenhydrate | 57g Fett | 14g Protein

Pikanter Reistopf

2 Portionen – Zubereitungszeit: 20 Minuten

Zutaten:

- 200g Basmatireis
- 1 Möhre
- 150g Kichererbsen (gekocht)
- 1 Schalotte
- 1 Knoblauchzehe
- 50g Spinat (frisch)
- 50g Feta
- 2 EL Olivenöl
- Salz, Pfeffer und Paprikapulver (mild)

1. Möhre schälen und in kleine Viertel schneiden. Knoblauch und Schalotte schälen und fein hacken. Spinat verlesen, waschen und trocken schütteln. Kichererbsen abschütten und mit kaltem Wasser abspülen. Abtropfen lassen.
2. Reis nach Packungsanleitung kochen.
3. Einen EL Olivenöl in einer beschichteten Pfanne erhitzen, die Hälfte von Knoblauch und Zwiebel darin anbraten. Möhre dazu geben und mit rösten. Wenn die Möhre gut gebräunt ist, die Kichererbsen dazu geben und kurz mit braten lassen. Kräftig mit Salz, Pfeffer und Paprikapulver würzen. Aus der Pfanne nehmen und beiseitestellen.
4. Restliches Olivenöl in die Pfanne geben. Restliche Zwiebel und Knoblauch darin anbraten, bis die Zwiebel glasig ist. Spinat dazu geben und durch schwenken, bis der Spinat zusammenfällt. Mit Salz und Pfeffer würzen. Feta zerbröseln und darüber streuen.
5. Reis zusammen mit der Möhren-Kichererbsen Mischung und dem Feta-Spinat genießen.

Nährwertangaben pro Portion:

626kcal | 88g Kohlenhydrate | 21g Fett | 19g Protein

Herzhaftes Pausenbrot

2 Portionen – Zubereitungszeit: 20 Minuten

Zutaten:

- 1 kleine Avocado (reif)
- 1 Ei
- ½ Bund Radieschen
- 100g Frischkäse
- ½ Zitrone (Saft)
- 2 Scheiben rustikales Brot
- Salz und Pfeffer

1. Ei wachsweich kochen. Radieschen waschen, trocknen und in feine Scheiben schneiden. Zitrone halbieren, nur den Saft einer Hälfte verwenden.
2. Avocado halbieren, Kern entfernen. Avocadofleisch mit dem Löffel herausholen und in eine Schüssel geben. Zusammen mit dem geschälten Ei zerdrücken. Mit Salz, Pfeffer und Zitronensaft pikant würzen.
3. Frischkäse auf die Brotscheiben streichen. Avocadomus darauf verteilen. Mit Radieschenscheiben belegen. Mit Salz und Pfeffer würzen.

Nährwertangaben pro Portion:
316kcal | 26g Kohlenhydrate | 24g Fett | 15g Protein

Frische Gemüserollen

2 Portionen – Zubereitungszeit: 20 Minuten

Zutaten:

- 60g Mangold
- ½ Paprika (gelb)
- ½ Paprika (rot)
- 1 Kohlrabi (klein)
- ½ Gurke (klein)
- 100g Joghurt
- etwas Olivenöl
- Knoblauchpulver nach Geschmack
- Salz und Pfeffer

1. Paprika waschen, trocknen und halbieren. Strunk und Kerne entfernen. Paprika in feine Würfelchen schneiden. Gurke schälen, halbieren und in feine Scheiben schneiden. Kohlrabi schälen und in feine Scheibchen schneiden. Mangold putzen, waschen und trocknen. Nur feine innere Blätter nehmen.
2. Joghurt mit Olivenöl, Salz, Pfeffer und Knoblauchpulver zu einem kräftigen Dip verrühren.
3. Gemüse auf den Mangoldblättern verteilen. Etwas Dip darüber geben und die Mangoldblätter zusammenrollen.
4. Der Mangold kann auch kurz blanchiert werden.

Nährwertangaben pro Portion:

160kcal | 16g Kohlenhydrate | 9g Fett | 6g Protein

Gegrillte Zucchini mit zitronigem Dressing

2 Portionen – Zubereitungszeit: 15 Minuten
vegan

Zutaten:

- 2 Zucchini (klein)
- 2 EL Olivenöl
- ½ Zitrone (Saft)
- ½ Bund Basilikum
- ein paar Kapern
- Salz und Pfeffer

1. Zucchini waschen, trocknen und in Scheiben schneiden. Mit etwas Olivenöl bepinseln und auf den heißen Grill legen. Grillzeit rund 10 Minuten, dabei die Zucchini einmal wenden, damit sie von beiden Seiten gut gebräunt werden.
2. In der Zwischenzeit Dressing zubereiten. Zitrone halbieren, nur den Saft einer halben Zitrone verwenden. Basilikum waschen, trocken schütteln und fein hacken. Kapern ebenfalls fein hacken.
3. Alle Zutaten zu einem Dressing verrühren und kräftig mit Salz und Pfeffer würzen.
4. Gebratene Zucchini mit dem Dressing beträufeln und servieren.

Nährwertangaben pro Portion:
150kcal | 5g Kohlenhydrate | 14g Fett | 2g Protein

Auberginen vom Grill

2 Portionen – Zubereitungszeit: 15 Minuten
vegan

Zutaten:

- 1 Aubergine (mittelgroß)
- 1 EL Sesamöl
- 1 Knoblauchzehe (groß)
- Salz, Pfeffer und Paprikapulver (mild)

1. Aubergine waschen, trocknen und in circa daumendicke Scheiben schneiden. Knoblauchzehe schälen und halbieren.
2. Auberginenscheiben mit den Knoblauchhälften einreiben, mit Salz würzen und mit Sesamöl einpinseln. Etwas Pfeffer und Paprikapulver über die Auberginenscheiben streuen.
3. Auberginenscheiben in leicht eingeölten Grillschalen grillen. Grillzeit rund 6-8 Minuten auf jeder Seite, bis die Auberginenscheiben schön gebräunt sind.
4. Dazu passt frisches Baguette.

Nährwertangaben pro Portion:
74kcal | 2g Kohlenhydrate | 6g Fett | 1g Protein

Bunte Gemüsespieße

2 Portionen – Zubereitungszeit: 20 Minuten
vegan

Zutaten:

- 100g Champignons (braun)
- 50g Champignons (weiß)
- 1 Frühlingszwiebel
- ½ Paprika (rot)
- ½ Zucchini
- ½ mittelgroße Zwiebel
- 4 EL Olivenöl
- Salz und Pfeffer

1. Pilze putzen und nicht waschen. Stattdessen ein Küchentuch verwenden oder einen Pinsel. Die Stiele abschneiden und anderweitig verwenden. Lauchzwiebel waschen, trockenschleudern und in Stücke schneiden, die etwa so lang sind wie die Pilzköpfe.
   Champignons und Lauchzwiebelstücke abwechselnd auf Spieße stecken.
2. Paprika waschen und trocknen. Halbieren, Stielansatz und Kerne entfernen. Paprika in grobe, aber mundgerechte Stücke schneiden. Zucchini waschen, trocknen und in Scheiben schneiden. (Rund daumendick). Zwiebel schälen und in grobe, aber mundgerechte Stücke schneiden. Paprika, Zucchini und Zwiebel Stücke abwechselnd auf Spieße stecken.
3. Alle Spieße mit Olivenöl bepinseln und mit Salz und Pfeffer würzen.
4. Auf dem eingeölten Grillrost rund 5 Minuten von jeder Seite grillen und servieren.

Nährwertangaben pro Portion:

277kcal | 6g Kohlenhydrate | 28g Fett | 4g Protein

Gegrillte Avocado

2 Portionen – Zubereitungszeit: 20 Minuten
vegan

Zutaten:

- 1 mittelgroße Avocado
- 1 mittelgroße Tomate
- 1 Frühlingszwiebel
- ½ Bund Petersilie
- rund 2 EL Olivenöl
- etwas Zitronensaft
- Salz und Pfeffer

1. Tomate waschen, trocknen und halbieren. Kerne entfernen und Tomatenfleisch in kleine Viertel schneiden. Frühlingszwiebel putzen, waschen, trocknen und in feine Ringe schneiden. Petersilie waschen, trockenschleudern und fein hacken.
2. Tomaten mit Frühlingszwiebel und Petersilie gut vermischen. Olivenöl und Zitronensaft unter die Gemüse Mischung rühren und pikant mit Salz und Pfeffer würzen.
3. Avocado halbieren, Kern entfernen und die Avocadohälften mit etwas Olivenöl aufpinseln.
4. Avocadohälften mit der Schnittseite nach unten auf den Grill legen. Grillzeit rund 5 Minuten. Avocadohälften mit der Tomaten-Zwiebel Mischung füllen und servieren.

Nährwertangaben pro Portion:

262kcal | 10g Kohlenhydrate | 25g Fett | 3g Protein

Salat mit gegrilltem Blumenkohl

2 Portionen – Zubereitungszeit: 20 Minuten

Zutaten:

- ½ Kopf Blumenkohl
- 300ml Buttermilch
- etwas frische Minze
- 1 Limette
- 2 EL Rapsöl
- Salz und Pfeffer

1. Blumenkohl waschen, trocknen und in sehr kleine Röschen schneiden. Die Röschen in einer Grillschale auf dem Grill goldbraun rösten.
2. In der Zwischenzeit die Limette ausdrücken. Minze waschen, trocken schütteln und fein hacken. Limettensaft mit Buttermilch, Rapsöl, Minze, Salz und Pfeffer zu einem pikanten Dressing verrühren.
3. Dressing mit dem gerösteten Blumenkohl vermischen und etwas ziehen lassen.

Nährwertangaben pro Portion:
208kcal | 12g Kohlenhydrate | 11g Fett | 10g Protein

Gegrillte Süßkartoffeln in pikanter Soße

2 Portionen – Zubereitungszeit: 20 Minuten
vegan

Zutaten:

- 2 kleine Tomaten
- 200g Süßkartoffeln
- 1 Schalotte
- 50g Spinat (frisch)
- 2 EL Rapsöl
- etwas milder Essig
- etwas Agavendicksaft
- etwas Senf (mittelscharf)
- Salz und Pfeffer

1. Tomaten waschen, trocknen und in Scheiben schneiden. Süßkartoffeln schälen und mit dem Gemüsehobel in dünne Scheiben schneiden. Schalotte schälen und in dünne Scheiben schneiden. Spinat verlesen, waschen und trocken schütteln.
2. Kartoffelscheiben mit Salz und Pfeffer würzen und in einer Grillschale rund 6 Minuten grillen. Tomatenscheiben mit Salz und Pfeffer würzen und ebenfalls in einer Grillschale grillen. Grillzeit rund 3 Minuten.
3. In der Zwischenzeit aus Öl, Essig, Agavendicksaft, Senf, Salz und Pfeffer ein herzhaftes Dressing zubereiten.
4. Spinat auf Teller verteilen. Süßkartoffeln, Tomatenscheiben und Zwiebelscheiben darauf platzieren. Mit dem Dressing beträufeln und servieren.

Nährwertangaben pro Portion:
242kcal | 31g Kohlenhydrate | 11g Fett | 5g Protein

Gemüsegrillspieße mit Halloumi

2 Portionen – Zubereitungszeit: 20 Minuten

Zutaten:

- 100g Grillkäse (mediterran gewürzt)
- 4 Cocktailtomaten
- ½ Paprika (rot)
- 1 Zucchini (klein)
- 2 Frühlingszwiebeln
- 1 EL Rapsöl
- Salz und Pfeffer

1. Paprika waschen, trocknen, Stielansatz und Kerne entfernen. Paprikafleisch in mundgerechte Würfel schneiden. Tomaten waschen und trocknen. Zucchini waschen trocknen und in Scheiben schneiden (circa daumengroß). Frühlingszwiebel putzen, waschen, trocknen und in Stücke schneiden, die von der Größe zum anderen Gemüse passen. Käse in mundgerechte Würfel schneiden.
2. Gemüse und Käsestücke abwechselnd auf Grillspieße stecken, Tomaten dabei ganz lassen. Gemüse und Käse mit etwas Öl bestreichen und auf dem Grill rund 4 Minuten von jeder Seite grillen.
3. Mit Salz und Pfeffer würzen und servieren.

Nährwertangaben pro Portion:
232kcal | 6g Kohlenhydrate | 17g Fett | 12g Protein

Geschichtete Früchte mit Müsli

2 Portionen – Zubereitungszeit: 20 Minuten

Zutaten:

- 4 große Erdbeeren
- 2 Stangen Rhabarber
- 250g Joghurt
- etwas Margarine
- 80g Vollkornmüsli mit Nüssen
- Agavendicksaft nach Geschmack

1. Rhabarber putzen, waschen, trocknen und in mundgerechte Bissen schneiden.
2. Margarine in einem Topf erhitzen, Rhabarber dazugeben und kurz anbraten. Mit etwas Wasser ablöschen und rund 3 Minuten bei geschlossenem Topf köcheln lassen. Mit Agavendicksaft nach Geschmack süßen.
3. In der Zwischenzeit Erdbeeren waschen und trocknen. Den Stielansatz entfernen. Erdbeeren in Scheiben schneiden. Joghurt in eine Schüssel geben und mit etwas Agavendicksaft verrühren.
4. Zwei Dessertgläser abwechselnd mit Müsli, Joghurt, Rhabarber und Erdbeeren in Schichten füllen. Servieren und genießen.

Nährwertangaben pro Portion:

338kcal | 274g Kohlenhydrate | 29g Fett | 9g Protein

Warmes Kirschdessert mit Zimt-Topping

2 Portionen – Zubereitungszeit: 15 Minuten

Zutaten:

- 2 Scheiben Toastbrot
- 350g Kirschen (Glas, Abtropfgewicht)
- Agavendicksaft nach Geschmack
- 1 EL Speisestärke
- ein paar Kokosraspel
- etwas Margarine
- etwas Zimt

1. Kirschen mit dem Saft in einen Topf geben und kurz aufkochen. Speisestärke mit etwas Wasser verrühren und unter Rühren zu den Kirschen geben. Mit Agavendicksaft nach Geschmack süßen. Etwas abkühlen lassen.
2. Währenddessen Toastscheiben in kleine Würfel schneiden. Margarine in einer beschichteten Pfanne erhitzen, die Toastwürfel darin von allen Seiten rösten, bis sie goldbraun sind.
3. Kirschkompott in Schalen geben. Die Croutons mit Zimt bestreuen und über das Kirschkompott geben. Mit Kokosraspeln bestreuen und servieren.

Nährwertangaben pro Portion:

318kcal | 58g Kohlenhydrate | 7g Fett | 4g Protein

Tiramisu mit Beeren

2 Portionen – Zubereitungszeit: 20 Minuten

Zutaten:

- 250g Mascarpone
- circa 100g Beeren (Beerenmix oder Himbeeren/Brombeeren pur)
- 150g Kekse
- Honig oder Agavendicksaft

1. Kekse zerkrümeln.
2. Früchte verlesen, waschen, trockenschleudern und mit Agavendicksaft süßen.
3. Mascarpone verrühren, eventuell ebenfalls mit Agavendicksaft süßen.
4. Kekskrümel, Mascarpone und Früchte abwechselnd in Dessertgläser schichten.
5. Das Rezept funktioniert auch mit TK Beeren, die vor Verarbeitung dann aber aufgetaut werden müssen.

Nährwertangaben pro Portion:

852kcal | 65g Kohlenhydrate | 59g Fett | 22g Protein

Schokoladiger Quark mit Bananen

2 Portionen – Zubereitungszeit: 15 Minuten

Zutaten:

- 1 reife Banane
- 150g Quark
- ¼ Becher Sahne
- Agavendicksaft nach Geschmack
- 150g Schokolade

1. Banane schälen und in Scheiben schneiden.
2. Schokolade fein hacken.
3. Quark mit Sahne verrühren. Nach Geschmack mit Agavendicksaft süßen.
4. Bananenscheiben und Schokokrümel vorsichtig unter die Quarkcreme heben und servieren.

Nährwertangaben pro Portion:
627kcal | 52g Kohlenhydrate | 38g Fett | 18g Protein

Süßes Sushi mit Bananen

2 Portionen – Zubereitungszeit: 15 Minuten

Zutaten:

- 1 reife Banane
- 2 EL Haselnüsse (gehackt)
- etwas Nussbrotaufstrich
- 2 Tortillas
- 6 frische Erdbeeren

1. Erdbeeren waschen, trocknen, Stielansatz entfernen. Erdbeeren in dünne Scheiben schneiden. Banane schälen und ebenfalls in dünne Scheiben schneiden.
2. Tortillas ausbreiten und mit der Nusscreme bestreichen. Gehackte Nüsse darüber streuen und mit den Obstscheiben belegen.
3. Tortillas aufrollen und in mundgerechte Scheiben schneiden.

Nährwertangaben pro Portion:
550kcal | 67g Kohlenhydrate | 28g Fett | 5g Protein

Schnelles Kokos-Ananasdessert

2 Portionen – Zubereitungszeit: 15 Minuten

Zutaten:

- 1 Dose Ananas (klein, Ringe)
- 50g Kokosmakronen
- ½ Becher Schlagsahne
- rund 100g Joghurt
- Agavendicksaft nach Geschmack

1. Kokosmakronen zerbröseln. Ananas abgießen. Saft aufheben.
2. Sahne steif schlagen, mit dem Joghurt verrühren und etwas Ananas-Saft dazugeben. Die Masse soll aber nicht zu flüssig werden. Nach Geschmack mit Agavendicksaft süßen.
3. Kokosmakronen Brösel abwechselnd mit den Ananasscheiben und der Joghurt-Sahne-Creme in Dessertgläser schichten und servieren.

Nährwertangaben pro Portion:
599kcal | 95g Kohlenhydrate | 22g Fett | 7g Protein

Gefüllte Feigen

2 Portionen – Zubereitungszeit: 15 Minuten

Zutaten:

- 4 frische Feigen (reif)
- ½ Becher Schmand
- ½ Becher saure Sahne
- 2 EL Mandeln (gehackt)
- Agavendicksaft nach Geschmack

1. Schmand mit Sahne verrühren und nach Geschmack mit Agavendicksaft süßen.
2. Feigen waschen, trocknen und an der Oberseite mit einem scharfen Messer über Kreuz einschneiden.
3. Feigen auf Teller stellen und mit der Creme füllen. Es macht gar nichts, wenn die Creme auch neben den Feigen liegt. Mit den gehackten Mandeln bestreuen und servieren.

Nährwertangaben pro Portion:
417kcal | 24g Kohlenhydrate | 31g Fett | 11g Protein

Himbeeren im Glas

2 Portionen – Zubereitungszeit: 20 Minuten

Zutaten:

- 2 Brownies
- 100g Himbeeren (frisch)
- 100g Frischkäse
- 1 Becher Sahne
- Agavendicksaft
- etwas Vanille Extrakt

1. Himbeeren verlesenen, waschen und trocknen.
2. Sahne steif schlagen. 2 EL Sahne aufheben. Restliche Sahne mit dem Frischkäse verrühren. Vanille Extrakt unterrühren und alles mit Agavendicksaft süßen.
3. Brownies zerkrümeln.
4. Zerkrümelte Brownies in ein Dessertglas geben. Die Creme darüber schichten und mit den Himbeeren belegen. Mit je einem EL Sahne dekorieren und servieren.

Nährwertangaben pro Portion:

567kcal | 27g Kohlenhydrate | 46g Fett | 11g Protein

Haftungsausschluss

Die in diesem Buch enthaltenen Informationen und Ratschläge dienen der allgemeinen Orientierung über die Themen „kochen“ und „Ernährung“. Sie sollen unter keinen Umständen medizinische und pflegerische Beratung durch einen Fachmann ersetzen und dienen ausschließlich zu Informationszwecken. Der Text ersetzt keinesfalls eine medizinische Beratung durch einen Arzt. Er darf nicht als Basis zur eigenständigen Diagnose und Beginn, Änderung oder Beendigung einer Behandlung verwendet werden. Bei gesundheitlichen Fragen, Beschwerden oder Problemen konsultieren Sie immer Ihren Arzt! Wissenschaftliche Erkenntnisse verändern sich ständig, daher kann eine 100% Aktualität der vermittelten Informationen nicht gewährleistet werden. Der Anwender ist verantwortlich für die konforme Anwendung und Nutzung der Inhalte im Sinne gesetzlicher Bestimmungen. Das Buch, inklusive aller Inhalte, gewährt keine Garantie oder Gewähr für Aktualität, Korrektheit, Vollständigkeit und Qualität der bereitgestellten Informationen. Druckfehler und Fehlinformationen können nicht vollständig ausgeschlossen werden. Der Autor lehnt innerhalb des gesetzlichen Rahmens jegliche Haftungsansprüche ab, die sich direkt oder indirekt aus der Anwendung oder Falschanwendung der in diesem Buch gegebenen Informationen ergeben.

Impressum

Deutsche Erstausgabe 2019

Regina Bahlow wird vertreten durch:
Harper & Coleman - René Engert - Lütjes Feld 24 - 31832 Springe

Imprint: Harper & Coleman

Printed in Poland
by Amazon Fulfillment
Poland Sp. z o.o., Wrocław

52953411R00073